现代篮球运动教学与训练研究

任 廷 刘 健 曹艺凡 著

全国百佳图书出版单位
吉林出版集团股份有限公司

图书在版编目（CIP）数据

现代篮球运动教学与训练研究 / 任廷，刘健，曹艺凡著. -- 长春：吉林出版集团股份有限公司，2024.4

ISBN 978-7-5731-5018-9

Ⅰ.①现… Ⅱ.①任…②刘…③曹… Ⅲ.①篮球运动—体育教学—研究②篮球运动—运动训练—研究 Ⅳ.①G841.2

中国国家版本馆 CIP 数据核字（2024）第 095134 号

现代篮球运动教学与训练研究
XIANDAI LANQIU YUNDONG JIAOXUE YU XUNLIAN YANJIU

著　　者：任　廷　刘　健　曹艺凡
责任编辑：沈丽娟
技术编辑：王会莲
封面设计：豫燕川
开　　本：787mm×1092mm　1/16
字　　数：184 千字
印　　张：10
版　　次：2025 年 1 月第 1 版
印　　次：2025 年 1 月第 1 次印刷
出　　版：吉林出版集团股份有限公司
发　　行：吉林出版集团外语教育有限公司
地　　址：长春市福祉大路 5788 号龙腾国际大厦 B 座 7 层
电　　话：总编办：0431－81629929
印　　刷：吉林省创美堂印刷有限公司

ISBN 978-7-5731-5018-9　　　　　定　价：60.00 元
版权所有　侵权必究　　　　　　　举报电话：0431－81629929

前 言

篮球运动深受广大人民群众的喜爱,在我国一直有着十分广泛的群众基础。篮球运动除了具有一般运动项目的锻炼价值外,篮球运动复杂多变的比赛过程,能提高神经系统的灵活性,进而提高大脑的分析能力和应变能力;竞争对抗的游戏形式,能提高学生参与的兴趣,培养学生的美育情感,以及学生的顽强拼搏精神,提高学生的自信心和心理自我调控能力;比赛中的集体配合,可以培养学生的团队精神,提高学生正确处理人际关系的能力;篮球技能的掌握可以增加人的运动经验积累,能为今后学习其他运动项目提供一定帮助。可以说,篮球运动对于人们身心素质的全面发展起着十分积极的作用。

随着对篮球运动认知程度的不断加深,人们对篮球运动的教学与训练工作也提出了更高的要求。篮球运动的教学质量在一定程度上决定了学生篮球运动的水平,也影响着学生身体素质的培养。为了更好地提升学生篮球运动水平,全面提高现代篮球运动的教学质量,使教师能够更加有条理、有针对性地进行篮球教学工作,本书结合以往现代篮球运动教学与训练的经验和最新的研究成果,通过深入的研究和探索,试图寻求理论、方法和实践的突破,用以满足现代篮球教学与训练的实际需要。

本书内容丰富,结构合理,从不同角度详细剖析了篮球教学与训练的相关问题,为当前篮球教学与训练的发展提供了良好的建议。另外,本书注重理论与实践相结合,在系统论述理论之外,提供了大量的训练实践,更加有利于加深读者对现代篮球教学与训练的理解。

  本书的撰写得到了许多专家学者的帮助和指导,在此表示诚挚的谢意。由于水平有限,书中所涉及的内容难免有疏漏与不够严谨之处,希望各位读者多提宝贵意见,以待进一步修改,使之更加完善。

目 录

第一章　现代篮球运动与教学开展现状分析 ……………………… 1
　　第一节　篮球运动的起源与发展 ……………………………… 1
　　第二节　我国篮球运动教学的发展与现状分析 ……………… 12
　　第三节　我国篮球运动教学的发展趋势 ……………………… 21

第二章　现代篮球运动教学研究 ……………………………………… 23
　　第一节　篮球教学概述 ………………………………………… 23
　　第二节　篮球运动教学理论 …………………………………… 27
　　第三节　篮球运动科学研究 …………………………………… 35

第三章　篮球运动教学开展与组织实施 ……………………………… 39
　　第一节　篮球运动负荷及其合理安排 ………………………… 39
　　第二节　篮球运动教学课的组织与实施 ……………………… 43
　　第三节　篮球运动教学课的实践指导 ………………………… 51

第四章　篮球运动训练理论与方法设计 ……………………………… 62
　　第一节　篮球运动训练的理论基础 …………………………… 62
　　第二节　影响篮球运动训练的因素 …………………………… 66
　　第三节　篮球运动训练创新的对策 …………………………… 69
　　第四节　篮球运动训练方法与创新 …………………………… 71
　　第五节　篮球运动训练模式与创新 …………………………… 75

第五章　现代篮球技术教学与训练 ……………………………… 80
   第一节　移动技术教学与训练 ……………………………… 80
   第二节　传接球技术教学与训练 …………………………… 90
   第三节　投篮技术教学与训练 ……………………………… 102
   第四节　运球技术教学与训练 ……………………………… 110
   第五节　持球突破技术教学与训练 ………………………… 113
   第六节　防守技术教学与训练 ……………………………… 117

第六章　现代篮球战术教学与训练 ……………………………… 122
   第一节　战术基础配合 ……………………………………… 122
   第二节　快攻与防守快攻 …………………………………… 130
   第三节　攻防人盯人战术 …………………………………… 138
   第四节　攻守区域联防战术 ………………………………… 145

参考文献 …………………………………………………………… 153

第一章　现代篮球运动与教学开展现状分析

篮球运动是世界各国广泛开展的一项运动,在我国同样拥有广泛的群众基础,学生是参与篮球运动的主要群体之一。科学开展篮球运动教学,不仅有利于学生身心全面发展,也有利于体育教学目标的顺利实现。

第一节　篮球运动的起源与发展

一、篮球运动的起源

篮球运动的起源地是美国,1885 年,波士顿青年会在马萨诸塞州的斯普林菲尔德学院设立体育部,成人培训班的体育课教师由詹姆斯·奈史密斯博士担任。詹姆斯·奈史密斯博士考虑到绝大部分学生在大学均有过运动经历且冬季开展室外活动难度较大的情况,开始思考设计出一项在冬季可以开展室内比赛的项目,可以在该项目中找出现代篮球运动的雏形。

为了使新项目实现理想效果,联系那一阶段的实际情况,奈史密斯博士设计运动时必须达到以下三点要求:第一,要让人们彻底消除对部分运动项目的恐惧,设计出的体育运动一定要是"文明"的,坚决抵制粗野行为;第二,要避免季节和气候对体育项目的限制,最新设计的体育项目应当不再受这两项因素的影响,在室内以及晚上均可以开展;第三,詹姆斯·奈史密斯博士认为要从根本上改变以往采用的枯燥训练手段。不同年龄阶段的人以及不同性别的人都能够参与到新设计的运动项目中,特别是要充分吸引年轻人参与其中的积极性。联系以上三方面的要求,

1891年12月奈史密斯博士由儿童与工人用球朝桃篮内做投准游戏,和自己小时候在阿尔蒙特常常用石头朝高处岩石的石块做抛掷动作的游戏中获得启迪,同时还全面综合了橄榄球、曲棍球、足球等多方面特征,设计出将投掷准确性程度作为计分标准和输赢标准的新型游戏。在反复思考和设计之后,奈史密斯博士还将投掷目标设定为呈水平状态置于高处,故而他把两个上宽下细的桃篮钉在体育馆两边看台的柱子上,进而确定出投掷目标。3.048米是桃篮和地面的距离,即当前篮圈距离地面高度是3.05米。这就是现代篮球运动的起源。

詹姆斯·奈史密斯博士设计出的游戏,为有效避免粗野的身体接触,专门规定了篮球运动最为原始的四条规则,即球必须是足球式的柔软圆形球,必须通过手传递球,严禁拉、打、推对方,投掷目标必须设置于空中且呈水平状态。设计完投篮游戏,反复试验过很多次以后,1891年12月25日史密斯博士把培训班18名学生分成两队,将美式足球作为游戏工具来做崭新的比赛表演,18名队员进行攻守对抗比赛,比赛规则是投中1球得1分。1892年3月11日,第一场正式比赛在青年会训练学校举行,参与比赛的是包括奈史密斯在内的7名教师与培训班几名学生,这场比赛被称为篮球史上时间最久远的正式比赛。比赛由上半时和下半时两部分组成,上下半时均为15分钟,上下半时之间休息10分钟。在那个时期,体育馆附近白金汉小学女教师时常在午饭时间观看篮球比赛,不久之后史密斯博士让女教师们充当比赛参加者,顺利组织了首次正规的女子篮球比赛,即女子篮球运动的起源。

由此可知,篮球运动起源于游戏。

二、篮球运动的发展

篮球运动的发展主要经历了初创与试行阶段、完善与推广阶段、普及与发展阶段、全面提高阶段、创新发展阶段、改革完善阶段,具体如下。

(一)初创与试行阶段

19世纪90年代—20世纪20年代是篮球运动初创与试行的大体时

第一章　现代篮球运动与教学开展现状分析

间,其中初创期是1891年。这一阶段篮球运动开展情况,具体如下。

第一,竞赛规则比较模糊,场地大小和活动人数未能做出明确规定,仅仅是在狭长空地两边分别放置一只桃筐。

第二,竞赛过程中,参赛者被划分成两个队,两队横排站立于场地两边的界限外面,负责主持竞赛的人在边线中点将和当前篮球比较相似的球朝场地中心点抛出,两队全体队员前往球落地点奔跑抢球,攻守对抗由此开始。

第三,在竞赛过程中,球进入筐后才记分,进1球得1分,最终得分多的一方获胜,并且进一个球后必须根据开始程序重新开始。

为保障游戏比赛的合理性,1892年奈史密斯把比赛场地规定为三段区域,并且确定了很多项比赛要求,如严禁个人持球跑、对攻守对抗过程中队员间身体接触部位进行了严格限制,对悬空篮筐装置要求等方面进行了进一步明确。

在此之后,比赛场地经过了逐步变革的过程,增画了中圈、罚球线、中线等不同区位的限制线。相对规范的铁圈成为篮圈,木质不规则挡板成为篮圈后部挡网,同时篮圈后部挡网和篮圈连接,和现代使用的篮板装置相对接近。在此之后,竞赛程序从中圈跳球开始,比赛过程中队员出现锋和卫的位置分工,中锋和前锋负责前场进攻,后卫负责守卫本篮并把球传给中场与前场的中锋与前锋。在反复试行过程中,篮球运动逐步完善。20世纪20年代末,尽管国际上未能形成统一规则,然而上场队员已经被大体确定成5名,由此球场上出现了电灯泡式限制区,罚球时负责攻的队员和负责守的队员分列站位。在这一时期,攻守技术相对简单,通常为双手做几个传和投的动作,单兵作战是竞赛主要攻守形式,战术配合依旧处于朦胧时期,篮球运动处在初创阶段。

在初创与试行阶段,受篮球运动趣味性特征的影响,篮球运动在美国不同种类的学校中快速推广,1926年出现了职业篮球队联赛。在该阶段,在美国文化陆续传入各大洲的某些国家与地区的背景下,篮球运动也随之被传播到很多地方,这为篮球运动的普及与推广打下了良好基础。

(二)完善与推广阶段

20世纪30年代—20世纪40年代是篮球运动的完善与推广阶段。自20世纪30年代以后,篮球运动发展速度逐步加快,规则与技战术不断完善。该阶段篮球运动个人作战形式逐步被协防与掩护等几个人彼此配合所充实。

篮球运动于第11届奥运会被纳入男子正式竞赛项目。奥运会结束后,国际业余篮球协会宣布成立,统一了比赛规则并使其逐步充实和完善。在此之后,竞技篮球运动正式诞生,同时发展成了现代竞技运动,开始成为国际竞技舞台中的一分子。此后,篮球运动开始健康稳步发展。20世纪40年代,在篮球技术和战术持续演进与发展的情况下,尤其是篮球运动水平逐步提升与高大运动员数量增加的情况下,篮球运动比赛规则得到了更深层次的充实与修改。修改内容主要包括以下几个方面:第一,侵人犯规罚则与违例罚则变得更加严格;第二,篮板出现了规范的长方形与扇形;第三,中圈由跳圈与禁圈两个同心圈构成,球场罚球区两侧至端线清晰分设了争抢篮板球的队员分区站位线等。

在这一阶段,篮球技战术处在日益充实和发展的过程中,同时成体系地朝集体对抗性方向稳步发展。到20世纪40年代末,进攻过程中的快攻、掩护、策应战术,防守过程中的人盯人防守、区域联防等战术阵型与配合,被很多国家的篮球队运用。从国际的角度进行分析,篮球运动进入推广与完善的新阶段。

(三)普及与发展阶段

20世纪50年代—20世纪60年代,篮球运动开始被大范围普及与发展。在篮球运动技战术创新程度不断提升的情况下,篮球运动规则和技战术之间表现出了持续制约、相互促进的关系,运动员身高逐步发展成对篮球竞赛胜负有决定作用的因素之一。

固定使用高大队员强攻篮下的中锋打法极为盛行。1950年,第1届男子世界篮球锦标赛在阿根廷举行;1953年,第1届女子世界篮球锦标赛在智利举行。在这两次比赛中身材高大的篮球运动员取得了优异成绩,这对国际篮球运动形成了很大冲击,导致进攻队在场地、区域划分以及时间方面的规则被进一步限制。除此之外,还产生了部分崭新变化,如20世纪50年代把篮下门字形限制区扩展成梯形限制区,一次进攻时间被限制为30秒;20世纪60年代中期特定时间内取消中场线;20世纪60年代末中场线被恢复。

(四)全面提高阶段

20世纪70年代,篮球运动进入全面提高阶段。在篮球运动不断发展的情况下,篮球技术与篮球规则的发展程度和调整程度不断加大。自20世纪70年代后,篮坛中2米以上运动员开始增多,篮球竞赛空间争夺的激烈程度与日俱增。篮球运动规则开始对高大队员的进攻做出了更加严格的限制与要求,旨在有效调动在防守方面和身高方面不占优势队伍的积极性。

1973—1978年之间,篮球运动竞赛规则对追加罚球方面的规定进行了多次调整与增设,推动防守和进攻技战术在崭新制约条件下,朝着同时重视高度和速度、同时具备高度和速度、同时推动进攻和防守的方向发展,尽全力推动攻守平衡发展。与此同时,还在很大程度上推动了运动员从正常身体形态、体能素质、技术应用型,朝着智慧、技巧、多变的综合型方向发展。

在全面提高阶段,进攻过程中全面的对抗技术、快速技术以及高空技术,在结合运用应变过程中体现出了技艺化特征。以往单一攻击性技术、机械战术配合、相对固定阵形的打法,被全面技术和整体性、综合型、频繁移动穿插掩护的运动中打法替代。与此同时,防守技术也获得了一定发展,该阶段防守技术破坏性与威胁力更加显著。

1976年第21届奥运会篮球赛和1978年第8届男子世界篮球锦标赛后,篮球运动呈现出了高速度、高身材、高技巧、多变化、大比分的特点,尤其是高空技术得到了深入发展,反映了篮球运动朝着立体型当代化发展的新特征和新走向。为对篮球运动发展状况进行更好的适应,20世纪80年代中期篮球竞赛规则在进攻时间和犯规罚则两方面进行了深度修改,场地方面规定远投区与三分球规定。在全面提高阶段,篮球运动发展更加均衡,发展程度更高。

(五)创新发展阶段

20世纪90年代—21世纪初是篮球运动的创新发展阶段自20世纪90年代后,国际奥委会宣布职业篮球队员有权参加篮球比赛。在篮球运动成功进入奥运会的影响下,篮球运动表现出了攀登、创新、技艺化和竞技化等为一体的当代化新形象,象征着现代化篮球运动总体内容结构与高水平运动员队伍整体智能和技能、身体和体能结构,运动员体能、智能以及篮球技战术能力掌握与运用均出现了本质变化。

1994年,在运动员制空水平不断提高的背景下,国际篮球联合会的空间拼抢更加激烈。为增加比赛空间争夺的安全性、激烈性、合理性以及观赏性,再次修改了篮球竞赛规则。除此之外,还缩小了篮板周边,增添了胶皮保护圈。

1999年12月,针对2000年第27届奥运会实行了部分新规定:第一,比赛被划分成四节,每节比赛时间是10分钟;第二,球队每次进攻时间由30秒钟变成24秒钟;第三,球从后场进入前场的时间被限制到8秒钟;第四,三人裁判制度被适用于奥运会与世界锦标赛中;第五,各队每节犯规次数为四次后,之后出现的全部犯规均会被处以两次罚球。

整体分析可知,现代篮球运动正朝着智、快、全、准、狠、变和技战术运用技艺化的相同方向与多类风格、不同打法以及高度文化性、高度观赏性、高度商业性的新趋势发展。

(六)改革完善阶段

进入21世纪之后,篮球运动受全球经济稳步发展的影响,发展速度惊人。但篮球运动快速发展的同时,也出现了很多问题。故而在多种因素的作用下,从2000年至2010年对规则进行了四次改变,2010年开始使用最新篮球比赛规则,至此篮球规则得到了进一步完善与规范,这些新规则在某种程度上是对NBA规则的借鉴,同时自2010年10月起执行范围是全世界。2010年,国际篮联通过的新规则主要有:第一,3分线从

6.25 米扩大到 6.75 米;第二,当前梯形 3 秒区变成长 8.325 米的长方形 3 秒区;第三,NBA 规则被引入国际篮联中,球场上增添了一个半径为 1.25 米的半圆形进攻有利区,仅仅设置了阻挡犯规,不存在带球撞人;第四,比赛最后两分钟与加时赛中,叫暂停的球队能够具备后场球权,暂停后无须从场外中线附近发球,只需在技术代表区对面指定的发球区发界外球。

除此之外,国际篮联还小幅度调整了部分规则,具体有以下几项。

(1)取消严禁运动员在比赛服里面穿 T 恤的规则。

(2)不再把运动员持球倒地或滑行当成违例。

(3)运动员由后场运球至前场时,篮球和两脚必须都过中线方可停球,不然会被当成违例。

(4)倘如运动员由前场起跳,接到空中球且之后落地时踩在自己的后场界内,不再当成违例处理。

(5)倘若防守球员在对方球员身后做犯规动作,或者防守球员在快攻球员身后做犯规动作,均会被判罚犯规。

三、篮球运动的发展趋势

(一)运动员的身高越来越高

相关调查证实,当代篮球运动员身高出现了增高走向,后卫、中锋、前锋都反映出了这一走向。身高有优势的运动员,在篮球场上同样存在优势,故而增加了篮球运动竞技性,推动篮球比赛激烈程度不断增加。

(二)运动员的综合素质加强

伴随着篮球运动竞技性的不断增加,篮球比赛规则与体制不断完善,篮球比赛强度和对抗性与日俱增,所以运动员要不断提升自身的身心素质。在篮球比赛场上,篮球运动员要想达到理想目标,只具备一技之长是无法达到的,运动员必须主动提升各方面的素质,尽可能多地掌握各方面的技战术,这属于所有国家顶级篮球运动员的共同特点,并且必然会成为篮球运动的发展趋势之一。

(三)教育和启发功能越发凸显

就当前社会而言,人文教育具有举足轻重的作用,篮球运动强健体魄、增加智慧、教育、宣传、社交等方面的价值获得了很多人的支持和认可,并且得到社会各界高度重视。参与篮球运动与比赛,不但能培养篮球运动员集体主义精神,而且能让运动员在对抗过程中磨炼出坚定意志。在竞技运动发展历程与人文篮球观念被绝大部分人接受的背景下,推动篮球运动除具备竞技价值外,还被广泛应用于篮球训练与比赛中。运动员在积极参加篮球训练和比赛的情况下,能够使其品性得到修炼,从而让篮球运动发展成更具人性化的运动。对于学习任务较重的学校来说,增加篮球运动锻炼次数,不仅能让学生学习压力和生活压力得到充分缓解,也能陶冶学生情操、磨炼学生意志、培养学生品质、增加学生团队精神、增强学生责任感与荣誉感。

(四)趣味性和挑战性越发增强

因为篮球运动团结协作与时空对抗两项特征鲜明,所以篮球运动逐步发展成具备明显挑战性和趣味性的运动,故而具备深厚学生基础的篮球运动在学校的发展与普及效果显著,逐渐发展成为具有浓郁校园文化色彩的运动项目,并且逐步成为学生提高身心素质的方式之一。因此,篮球运动在世界各个学校中受到热烈欢迎,并且逐步成为学生学习和生活的重要组成部分。除此之外,校园中的篮球运动形式极为多样,街头篮球、轮椅篮球均受到了学生的广泛好评,表现出了很好的发展势头。

(五)攻守节奏加快,且均衡发展

对于篮球运动来说,成功进攻的概率和速度属于正比关系,快速进攻已成为篮球比赛的一项鲜明特征。高水平篮球运动员充分认识到快攻的作用,并且在努力紧抓一切机遇与时机展开快攻,从而在最大程度上加快比赛节奏,从根本上使篮球比赛更加激烈,提高了比赛观赏性。但篮球队员发动快攻时,也要将防守工作做到位,进而有效防止顾此失彼现象的发生。攻守平衡是现代篮球必须遵循的发展趋势。

第一章 现代篮球运动与教学开展现状分析

(六)重视运动员的智慧和意志

篮球运动对运动员智商要求比较高,原因是智慧作用于篮球训练和比赛的整个过程。如果篮球运动员没有智慧,那么赢得比赛的概率将大幅度降低。在篮球训练过程中,要有效训练篮球运动员的体能、技术、战术、心理等多个方面的运动智能。因此,篮球运动员要全面理解各项技战术,充分发挥运动员的运动智能。要想将运动员身体素质的潜力发挥至最大,运动员必须拥有更多的智慧。因为教练员或体育教师是整支球队的大脑,所以要全面掌握对手的实际技战术水平,不仅应对本支球队所有球员展开科学分工,也应立足于局部和总体两方面来精确推敲战术可能出现的变化,在日趋激烈的对抗中适当调整技战术,从而在比赛场上掌握主动权。

对于篮球比赛来说,在攻防转换速度日益提高的背景下,篮球运动员要磨炼出顽强意志,从而不断增加对大强度运动量的承受能力,用自身意志战胜身心疲惫。运动员在参与篮球比赛的过程中,自身意志、防守风格、进攻能力是判断篮球运动员与教练员的关键标准,这几方面内容在比赛最后时刻和比分交替时刻表现得更加显著。如果篮球运动员没有坚定意志,在比赛中获胜的难度将大幅度增加。因此,篮球运动员具备坚定意志是赢得篮球比赛的一项关键条件。

(七)科学理论与实践的结合更加紧密

在科学技术持续发展的情况下,篮球运动也开始渗透越来越多的先进科学技术。以篮球赛中数据分析统计软件的运用为例,这一软件可以利用篮球场关键角落设备的安置,将本方或对手在跑位、跑动距离、投篮命中率等数据传输至教练员终端设备上或者助理教练员终端设备上,由此对对手采取的具体打法和本方需要采取的相应措施展开客观分析。篮球运动中运用先进科学技术;不但能对传统的篮球观念、篮球理论、篮球技战术运动员体能素质、具体训练手段实行创新与完善,还能让篮球训练手段的科学性和有效性得以提升。多种篮球技战术方式和篮球训练、篮球比赛时间的充分结合,可以在最短时间内转变和阐释传统篮球理论,持续更新篮球运动最新理论观点,有效优化篮球竞赛体制,从根本上推动篮球运动理论和篮球运动实践的创新和发展。充分结合篮球运动理论和实践,不但有利于培养高水平篮球运动员,而且能推动篮球运动的稳步发展与完善。

(八)竞技篮球的特征更加显著

1.高度与灵活度有机结合

篮球运动员平均身高是判定运动员的一项关键因素,当前身材高大的篮球运动员各方面素质的持续提高得到了大范围关注。运动员要想掌握攻守制空优势,则提升制空能力、增强力量素质、提升弹跳能力等因素是必不可少的。运动员利用良好的弹跳能力、奔跑速度、篮球技术与技巧来参与相关比赛,已经成为篮球运动员模仿与学习的范例,并且还能促使现代篮球运动朝着多元化方向发展,使篮球运动技战术内容得到进一步充实。

单方面关注运动员身高是远远不够的,灵活性对篮球运动员同样重要。在篮球空间争夺日趋激烈的环境下,让运动员实现高中有灵、高中有巧已成为顶级篮球运动员追求的目标。在现阶段,高度与灵活度有机结合已经是篮球运动的显著趋势。

2.速度和准确度相结合

在篮球规则不断制约进攻时间的情况下,出现了比赛速度不断缩短的走向。另外,在战术变化的作用下,进攻速度持续提升。为了维持特定节奏,越来越多的篮球运动开始重点提高攻守转换速度,所以开始增加快攻反击次数,提高快攻取得更高分数的可能性,运动员在速度与高强度对抗中保持稳定、较高的投篮命中率获得大范围关注。通过加快速度来在比赛场上掌握主动权,通过争取更多时间来有效控制空间,进而在比赛最后阶段取得胜利,都属于篮球比赛对抗的显著走向。

运动员在保障有节奏、有条件的速度时,也要积极提高准确度。运动员只有保障较高的准确度,才有可能取得优异成绩,才能增加获胜的概率。从整体进行分析,在篮球运动发展过程中,篮球运动员将更加全方位、深层次地认识速度的多种含义。

3. 凶悍和谋略相结合

在篮球比赛中,一方运动员会尽最大限度发挥自身潜力来与另一方对抗,这不但是攻守对抗日趋激烈的鲜明反映,而且是现代篮球运动的显著特点之一。只有运动员在对抗中取胜,才有可能在篮球比赛中取胜。然而,运动员要想在对抗中取胜,必须满足对抗凶悍与对抗智慧两方面对运动员提出的要求。在现阶段,篮球运动员已经开始重点关注凶悍作风和拼斗能力的意义,很多高水平篮球队在积极形成强悍作风与拼搏精神的同时,还对运动员谋略给予了高度重视。有谋略地拼斗才能打开新局面,该观念作为现代篮球运动崭新观念,已经被越来越多的篮球队认可。

4. 技术全面和特长相结合

针对篮球运动对抗强度逐步上升的情况,篮球运动员需要积极推动自身技术朝着全面化方向发展,同时这也是篮球运动员需要达到的一项要求。技术全面化是指运动员要尽可能多的掌握各项技术,针对战术调整可以达到能里能外、能快能慢,同时运动员要积极提高包括弹跳、力量、速度、灵活性在内的多项体能素质。篮球运动员不仅要能攻善守,还要具备一项超越旁人的本领。

另外,篮球运动员只具备全面技术是不够的,还需在技术全面基础上具备特长,如此才能在比赛场上把自身潜力发挥至最大。运动员具备全面的技术,有利于其在对抗过程中灵活运用技战术。在实战过程中,篮球运动员对某项技术进行提炼与创新,让该项技术成为自身特别擅长的技术,篮球明星乔丹、罗曼德、皮蓬等均在有机结合技术全面与特长上取得了很好的成效,值得篮球运动员学习与借鉴。这些人发展成个性鲜明的篮球明星,其原因是他们不但拥有全面技术,还拥有不同专长。

5. 常规和创新相结合

篮球运动持续发展的过程,也是其持续继承与创新的过程,创新是现代篮球运动的灵魂。在对篮球运动技战术持续创新的情况下,才能让篮球运动自始至终都保持旺盛的生命力。篮球运动只有不间断地创新,才可以有效突破制约篮球运动发展的众多因素,才能真正实现篮球运动的可持续发展。将常规和创新有机结合,能够产生风格迥异、形式多样的打法。

由此可见,创新是篮球运动发展的显著特点之一。需要说明的是,这里所说的创新是在科学认知与把握篮球运动本质特征和规律的情况下,对篮球运动发展趋势进行深层次认识和分析,实现对篮球运动发展现状客观准确地了解与把握。篮球运动员与教练员,需要在训练和比赛过程积极汲取篮球运动发展过程中好的部分,并且主动创新,从而加速篮球运动发展进程。

第二节 我国篮球运动教学的发展与现状分析

近些年来,我国篮球运动稳步发展,篮球运动在我国各级各类学校的推广范围不断扩大,已经发展成学校体育教学的一项关键内容。越来越多的学生自觉参与到篮球运动中,很多学校组建了篮球队,同时还鼓励学生参与学校篮球联赛。

一、我国篮球运动教学的良性发展

(一)社会发展背景

我国篮球运动群众基础深厚,参与篮球运动的人数较为可观。我国很多学校与企事业单位,均存在热爱篮球运动的人,并且还成功组建了篮球队,篮球运动已经发展成深受广大群众欢迎的文化娱乐健身活动,这些均属于我国篮球运动发展的社会条件。

近些年来,我国体育事业稳步发展,国家对大众篮球运动给予了重点关注,持续建设社会大众篮球设施,不断促使社会各界力量加大对篮球运动投资,让整个社会拥有了全民参与篮球运动的发展环境,特别是重点加强了篮球运动在学校的普及力度。从全局进行分析,篮球运动在我国拥有着良好的社会发展背景。

(二)教育改革促进

篮球运动的教育功能显著,体育课程标准已经将其纳入其中。提升学生身体素质,让学生课余文化生活更加丰富是篮球运动的本质功能。近些年来,我国篮球运动取得了可喜的发展成果,这向我国篮球运动发展灌输了强大的生命力,为我国篮球运动发展和篮球运动员招生提供了更加广阔的空间。在现阶段,我国篮球运动快速发展,篮球运动参与人数逐年增加,越来越多的学生养成了坚持运动的习惯。篮球运动不仅属于学校体育课的一项重要教学内容,也是学校球类运动俱乐部的一个重要项目,还是校际运动比赛的重要比赛项目。广泛存在的篮球基层组织为篮球运动在的可持续发展打下了良好基础,同时也为发展我国篮球运动事业培养了一批又一批高水平后备人才。

二、我国篮球运动教学发展中存在的问题

(一)教学目标定位不够明确

当前,教学目标定位不明确已经成为阻碍篮球运动教学发展的一项重要因素。在篮球教学过程中,教学训练与接受教育无法实现良好共存,一方面是因为学生和学校更加在意文化课程学习,另一方面是因为学校没有明确规定篮球运动教学的具体教学任务。

(二)教学内容枯燥乏味

篮球属于集体性显著的竞技运动项目,其具备竞技性和对抗性等特征,受到了很多学生的强烈欢迎。每年举办的很多国际篮球赛事和国内篮球赛事,常常能吸引大量学生观看,他们会有自己喜爱的篮球明星,选择课余锻炼项目时通常也会更加偏向于篮球运动项目。因此可以得出,立足于理论角度篮球课程教学应当会受到学生欢迎。然而,相关调查与教学实践表明,学生在篮球课堂上的学习积极性一般较低,教学过程中学生积极配合教师的情况极少。对该现象加以分析后得出,主要和教学内容枯燥乏味有密切关系。很多教师的教授内容仅仅局限在篮球基本技术

的学习与练习,未能重点讲解篮球技战术以及篮球理论知识,没有对篮球运动的娱乐性和竞技性进行充分展示,课堂氛围的趣味性有待进一步提高,所以无法充分激发学生的学习兴趣。

(三)教学模式较为落后

当前,我国篮球教学大多将提高学生提升和传授篮球技能作为主体,仍旧未能打破以技术教学为核心的老格局。在日常训练中,单方面重视篮球有关动作的机械重复,未能重点培养学生的创新意识,无法高效发挥学生独立思考的能力。在一些篮球运动教学过程中,尽管表面按照最新教学文件,但实行力度却极为有效,没有在课堂教学中体现学生的主体地位。在课程中,除篮球基本动作以外,和篮球心理学、篮球营养学相关的内容很少。

(四)教学评价不合理

虽然体育课堂在很久之前就存在于我国教育教学活动中,然而很多学校并未给予体育教学足够的认识。虽然伴随着"素质教育"的开展,体育教学的重要性有所提高,但依旧存在着传统教学的某些特征。在我国篮球运动教学过程中,很多教师会忽视教学评价的重要意义,很多教师只是在学期末尾安排1~2节课考核学生对投篮技术和上篮技术的掌握程度,随后对学生投篮情况和上篮情况给予相应的分数,通常学生均可以获得中等以上成绩。可以明显看出,单一评价方式无法客观评价学生整个学期的学习情况,并且单一简单的考核也无法有效激发学生的学习动力。

(五)教学管理不够完善

因为整体上学校更加重视文化课学习,所以未能给予包括篮球运动在内的体育运动项目足够的关注和重视,教学管理方面暴露出了很多漏洞,很大一部分学生在体育课中处于自由活动状态,篮球运动教学中没有确立适宜的管理制度与措施。除此之外,校篮球运动队的管理和学校多个部分均存在关系,所以出现了很多问题。例如,工作协调难度大,一些领导与教员没有清晰认识培养篮球运动人才的重要性,学校没有给予篮球运动管理机制应有的重视,以上因素均对篮球运动教学科学发展产生了不利影响。

(六)教学训练缺乏科学性

将篮球教学中教练员对篮球队的教学训练为例,如今很多学校的篮球运动队因为训练强度低、训练时间较短、训练方法单一滞后、训练检测与恢复有待完善等因素,造成篮球运动训练的成果不尽如人意。

就教学训练方法与手段来说,学校篮球队通常选取一般性的训练方法与手段来实施篮球训练,并且技战术是主要训练内容,篮球体能训练通常让学生联系自身需求以及实际状况主动完成,心理训练比重极为有限。但是,对于大部分篮球队来说,训练过程的检测以及运动结束后的恢复均处于空白。此外,因为大多数学生篮球运动员为了更好地兼顾学业,他们必须投入更多时间和精力,如此就会分散学生的精力,让学生在兼顾学业和打球的过程中十分疲惫。故而,学生仅可以用课余时间中的2～3小时来参与篮球运动训练,但利用这些训练时间来提升专项竞技能力显然是不够的,这就导致篮球运动训练强度无法提升到较高水平,但低强度、低水平的运动训练必然会制约训练质量的稳步提升,最终对提升我国篮球运动员的综合水平产生消极作用。但与上述原因相比,篮球教学训练不科学是造成现阶段普通学生以及学生篮球运动员运动成绩低的关键因素。

三、我国篮球运动教学发展的对策研究

(一)革新篮球教学思想

1.促进篮球文化发展

站在人类文化的立场进行分析,校园体育文化属于人类众多文化中很小的组成部分,它属于精神文化范畴,同时也是多层次主体化的有机整体之一。校园体育文化能够推动学校体育课教学,校园体育文化氛围的作用体现在几方面:激发学生学习积极性;陶冶学生情操;全面提升学生身心素质;有效强化学生竞争意识与团队精神,实现学生均衡发展。通过

参与日常的篮球教学实践,学生在参与身体不同练习以及有关篮球活动后,能够让学生进一步感受、理解、认识篮球运动,对学生形成运动观与价值观发挥作用。例如,让学生感受、理解、认识顶级篮球运动员的拼搏精神、严谨作风、坚韧毅力、民族气节等,能够让学生在学习过程中自觉提升自身素养。

在开展篮球教学的过程中,要将发展篮球文化置于重要位置。篮球文化属于构建篮球运动的重要部分,学生参与篮球运动的过程中会深受篮球运动文化的潜在影响,这种潜在影响是至关重要的,尤其会对学生养成行为习惯发挥举足轻重的影响。具体来说,应当注意以下两个问题。

第一,体育教师要高度重视篮球理论课,并且做出科学安排。通过系统全面地讲解,让学生真正掌握篮球运动发展进程和发展走向,让学生充分熟悉篮球运动基本技战术所涉及的各项原理,同时让学生更好地掌握有关篮球运动的医疗保健知识和裁判知识。

第二,在篮球教学过程中,教师需要高度关注和有效发挥篮球教学的育人价值,促使学生掌握的篮球知识转化成自我价值,利用篮球运动学习磨炼学生的意志,促使学生逐步形成健全人格。教师一定要让学生更深入地了解篮球运动包含的各项核心精神,推动学生逐步形成乐观自信、遵守规则、热爱民族、热爱祖国的良好品格。

除此之外,在篮球教学过程中,教师需要充分尊重学生主体地位。教师要有效激发学生主动性,有效解放学生学习天性。学生在学习过程中,要主动参与其中,同时还需引导其他学生也参与到篮球运动中。

2.培养学生终身体育意识

分析教学活动全过程可知,学生学习应当是能动性的学习活动,自主性、互动性、开放性是该过程的特点。详细分析可知,学生在参与篮球活动的过程中,能够认识拥有相同兴趣爱好的学生,能够拓宽自身交际圈,提升学生的人际交往水平。除此之外,和他人(特别是志同道合的人)接触,能够促使学生积极学习他人的良好品质,对学生主动学习、挑战自我、积极创新均有推动意义。由此可知,篮球运动不但可以提升学生的身体素质和运动能力,而且在学生步入社会后仍然可以继续受益,在教学过程中教师应当让学生清晰认识到这方面的作用,进而让学生把篮球运动当成终身受益运动来学习,促使学生形成正确的体育价值观,真正让学生受益终身。

终身体育主要包含两方面内容:一方面,是指一生中人们经过持续不断地体育锻炼,实现增强体质与推动身体全面发展的目标;另一方面,是指把体育系统的整体化和科学化当成目标与手段,为人们各个时期与生活领域提供体育锻炼机会的实践过程。终身体育思想是促使人们在整个人生中持续接受体育教育并终身参与体育锻炼,高效衔接人生每个时期的体育,进而有效保障体育教育的完整性与连续性。教师在篮球教学过程中,必须将培养学生终身体育意识置于重要位置,这属于现代体育教学的要求。

3. 促进健康生活方式的培养

近些年来,参与篮球运动的学生人数逐年上升,学生越来越清晰地认识到篮球运动对建立健康文明生活方式的积极影响。在篮球教学过程中,教师高度关注传播篮球文化在融洽教学氛围中,推动学生体育锻炼以及行为的规范化、常态化,能够对学生实现身心健康、养成健康生活方式与行为习惯产生积极影响,有利于学生的健康成长。

(二)完善篮球教学的目标和功能

1. 树立正确的篮球教学目标

教学实践研究证实,智力因素与非智力因素对学生学习活动具有至关重要的作用。现代篮球教学目标应当把增长学生知识摆在重要位置,不仅要培养学生各项能力,还要有机结合人格教育、品德教育、情感教育、知识教育。

篮球教学发展需要做到与时俱进,重点关注理论创新,主动学习先进的教学理念,取其精华去其糟粕,促使篮球运动教学更加丰富,实现使学生身心健康发展的目标。

2.不断加强篮球运动的教育功能

篮球教学需要在培养学生篮球素养方面投入更多精力。素养是指人们通过学习得到的知识与技能,并且借此形成合理认识与价值观,同时待人处世的态度也包括在内。篮球教学要有效提升学生综合素质以及篮球素养,不仅要推动学生身心全面发展,还要推动素质教育发展。当前,篮球运动的增智功能、健身功能、教育功能、社交功能已经得到了越来越多人的认可,同时也受到越来越多人的高度重视。

通过篮球训练和比赛,不但可以培养篮球运动员形成集体主义精神,而且能逐步发展学生百折不挠的意志品质。促使参与其中的学生得到人格修炼,同时构建出人性化的篮球运动。需要说明的是,当前社会科学技术发展较快,知识增长速度逐年加快,终身教育普及程度和竞争压力逐年增加,这些因素的变化都向人们的能力提出了越来越高的要求,单一化知识已经难以满足当今社会对人才需求。因此,在篮球教学过程中,一定要有效发挥篮球教学的各方面功能,科学培养和提升学生的各项能力。

(三)注重理论与实践的结合,促进教学形式多样化

1.更加重视理论与实际的结合

伴随着科学技术的不断进步,应用在篮球教学活动中的先进科技不断增加,传统的篮球观念、篮球理论、篮球技战术、体能水平、训练方法均得到了深入改进与创新,这属于篮球教学的显著发展走向。

在现代篮球运动稳步发展的情况下,新型理论观点被不断推出,新型竞赛制度日益完善,新型规则逐步充实与发展,最终使得篮球理论和篮球实践内容均处于逐步创新、逐步发展的状态。这不仅对提升学生篮球运动水平有重要意义,也对篮球运动教学的可持续发展与逐步完善具有积极影响。深入研究篮球教学理论的目的主要体现在两个方面:一方面,是为了对篮球教学实践展开更加科学地指导;另一方面,是为了全面总结篮球教学实践。倘若不存在理论研究,或者缺乏篮球教学实践,那么篮球教学全过程的意义都将无从谈起。因此,必须充分结合篮球教学的理论研究和实践研究,进而使理论研究力度和成效得到有效强化。

2. 篮球教学活动形式的多样化

因为篮球运动具备集体协同特点和时空对抗特点,所以受到了很多学生的欢迎,并且还有效推动了篮球活动在校园的发展与普及,使得篮球运动成为学生增强体质、修炼人格的重要方式。

除此之外,篮球活动具有丰富的形式,学生在篮球运动的基础上衍生出了许多种玩法,街头篮球、三对三、四对四篮球比赛等就受到了越来越多人的欢迎。这些运动形式在发展相对普遍,并且开展效果较好,当前已经发展成学生生活与学习的关键内容,并且还是篮球教学的一个发展侧重点。

3. 促进学校篮球俱乐部的发展

体育活动的灵活性特征显著,而学生间又具有年龄差异、性别差异、兴趣差异、体质差异、运动基础差异。因此,教师必须选取灵活多样的运动形式,进而更好地满足学生多方面需求。

近几年来,校园体育俱乐部活动是十分盛行的体育课外活动组织形式,学生可以结合自身的体育特长和兴趣爱好自愿加入相关组织中。体育俱乐部有组织、有管理,有专人指导,有经费支持以及一定的向导性,活动效果好,受到了越来越多学生的喜爱。学校体育俱乐部一般是学校结合本校场地设施、师资力量、传统优势等因素筹建。学校体育俱乐部活动管理需要安排专人负责,结合学校体育工作整体规划与课外体育活动管理来制定出合理有效的活动目标、运营方式、人员安排等。除此之外,体育俱乐部还需高效筹措经费、科学配置场地器材设备。教师在篮球教学的过程中,要将组织与管理学生课余篮球活动摆在重要位置,进而利用篮球俱乐部更好地弥补篮球教学活动的缺陷,更加高效地达成篮球教学目标。

(四)完善教学管理制度,优化教学环境

1. 建立健全篮球教学管理制度

(1)提高管理理念,突破过去依赖学校的管理模式,有效发挥体育教师与学生两方面的作用,推动体育教师与学生更加积极地参与到篮球运

动教学中。

(2)有效处理篮球训练管理与篮球教学管理之间的矛盾。利用增强学生和篮球运动员间的沟通合作、统一管理等手段,促使篮球训练管理水平与篮球教学管理水平得到稳步提高。

(3)其余管理部分应当主动配合教学管理部分的每一项工作,不同部门之间不断增强组织协调力度,构建出灵活多变的调控机制。

2.增加篮球教学的资金投入

要想提升普通篮球教学质量,一定要密切联系学校实际情况,适当加大体育经费投入力度,通过扩建运动场馆、增加体育器材两种手段来为学生参与篮球运动教学提供良好条件,使学生自觉加入篮球运动教学过程中,提升篮球教学总体水平。

(五)加强篮球教师队伍的建设

在篮球运动教学活动中,篮球教师的角色是主导者。在教学活动中,提升篮球教师基本素质与专业素质、专业水平与训练水平,不仅对篮球教学质量的提升有积极影响,也能加快篮球教师专业水平与训练水平的提升进程,能够有效提高篮球教学质量,培养出更多更具潜力的篮球运动人才。因此,强化篮球教师队伍建设,是今后发展篮球运动教学的走向。

篮球教师应当具备高水平的能力结构素质,换句话说就是具备高效完成篮球教学工作的能力,如教学设计、教学组织、教学内容讲解等。如果篮球教师具备较强的教学设计能力和组织能力,则不但能科学安排教学内容,而且也能充分激发学生参与篮球运动教学的主动性,使得篮球运动教学活动开展得更好;如果篮球教师具备较强的表达能力,则可以利用形象的语言来阐析各项知识与技能,促使学生取得更好的学习成果;如果篮球教师具备较强的组织能力与管理能力,则不但能协调好师生关系,也能高效运用已有的教学资源,推动教学活动更加有序地开展。除此之外,体育教师也需要具备较强的知识结构素质,不断拓宽篮球知识的广度与深度,不但要积极掌握篮球运动基础性的知识与技能,而且要积极掌握篮球教学基本规律以及学生身心发展基本规律。

第三节　我国篮球运动教学的发展趋势

篮球教学工作的顺利开展,对促进学生身心健康成长,提高学生团队意识以及创新精神等多个方面都具有重要意义。当前,在新的经济环境之下,我国篮球运动教学也呈现出了新的发展趋势,具体有以下几个方面。

一、终身体育教学理念的不断深入

体育教育作为学校体育的最后阶段,它承接着社会体育,在体育教学中培养学生养成良好的体育锻炼习惯,对于培养学生"终身体育"意识具有重要作用,能够使人受益终身。应该将体育教育贯穿人的一生,加强对学生终身体育教育理念的灌输,让学生养成良好的体育锻炼习惯,真正做到生命不息,锻炼不止。

二、素质教育教学理念的不断深入

将素质教育教学理念渗透到篮球教学当中,对培养学生理念联系实际的素质能力具有重要作用。学生在学习篮球技战术的同时,还能够有效促进学生综合素质能力的全面发展。例如,在篮球实践教学当中,能够培养学生的团体合作能力、组织能力、反应能力、观察能力等。培养学生多方面的综合能力,才能够帮助学生更好地适应社会发展的需求。

三、体育教学趋于多元化

随着体育科学的飞速发展及改革的深入,体育的目标有了多元化发展,从先前的单纯增强体质和增进健康,发展到了娱乐和个性的结合。教学内容和方法手段也突出了学生个性需求通过多种目标、多种方法来实现体育教育的任务,以利于提高学生的兴趣,使学生更加主动地参加体育锻炼和学习。

四、篮球教学考核方式趋于多元化

随着"以人为本""以学生为主体"教学理念的不断深入,篮球教学考核方式也日趋人性化以及多元化。在篮球教学评价阶段,逐渐开始根据学生的实际情况,制定出与其相适应的考核标准,使得分层考核能够更加灵活以及全面。例如,将学生的进步程度以及学习态度作为考核标准之一,以增强学生的学习自信心。这样能够有效地激发学生的学习动力,从而提高整体的教学效果。

五、大力发展竞技体育

近几年在各学校之间的篮球交流赛、学生篮球联赛等大赛的带动下,篮球竞技运动得以积极开展,各学校也根据自身情况组织了专业的球队,学生们的参与性与积极性空前高涨,可以说竞技体育的发展推动了篮球教学改革的有效进行。因此,普通篮球教学,要根据不同学生的个性需求,尤其是对于一些喜爱篮球运动并身体素质较好的学生,尝试按照竞技体育的模式将其培养成体育特长生等专业运动员,这样既提高了他们技能和体魄,又满足了他们的兴趣需要。所以,在现代篮球教学中,既要注重提高普通学生身体素质,又要根据学生个性发展专业运动员,这也是体育发展的必然趋势。

六、积极转变教学观念,深化改革

篮球训练是一门综合性很强的课程,它不仅具备自身独特的体育教学体系和教学理论,还涉及其他社会和自然学科。这就需要我们在教学过程中转变教学观念,在实践中掌握理论知识和提高技术水平。并将理论与实际相结合,同时要增添与篮球训练有关的辅助课程,激发学生的学习兴趣,提高篮球教学的趣味性和娱乐性,要不断适应新时期的发展要求,丰富教学内容。[1]

---

[1] 蒋志华.高效篮球课程研究与技术教学方法[M].成都:电子科技大学出版社,2016.

第二章　现代篮球运动教学研究

第一节　篮球教学概述

篮球运动是学校体育课的重要内容，是以传授篮球运动有关知识、技能为目的而进行有组织的教育教学过程，在整个体育教育活动中占有重要地位。

一、篮球教学目的意义

篮球教学主要目的是传授篮球运动的有关知识、技能，使学生在掌握篮球运动知识、技术、战术的同时，发展各种运动素质，培养良好思想品质和各种能力，培养学生对篮球运动的兴趣，并力争养成终身从事篮球运动，促进健康的习惯。篮球教学活动是多层次的，对于不同教学对象来说，篮球运动教学的侧重点各异。

普通学校体育教学中，篮球教学和其他运动项目的教学一样，其主要目的是增强学生的体质、确保身体健康、促进全面发展，提高兴趣，养成终身篮球运动的习惯。

在我国篮球运动训练体制中，对学生的业余篮球训练主要是进行较系统的技术、战术教学和训练，使学生打下坚实的篮球运动基础，练就扎实的基本功，为后续发展和继续提高创造良好的条件。

而体育院校、系科都将篮球作为一门重要的课程开设，有为普通学生开设的篮球课和为一部分有篮球运动特长学生学习开设的篮球专修课。普修课的教学目的是向学生传授篮球运动的基本理论知识和基本技术技能，使学生具备在学校体育中组织篮球教学和课余训练工作的能力；专修课教学除了要完成上述教学任务外,还要进行更为全面系统的学习和训练,要求学生达到相应的运动等级和裁判等级,具备组织篮球运动训练和竞赛工作的能力。

二、篮球教学基本任务与内容

(一)篮球教学基本任务

在教师和学生共同参与篮球教学过程中,学生通过课堂教学,在教师的主导下,积极主动地掌握篮球运动的理论知识和技术技能,同时开发智力、发展身体形态和身体素质、培养正确的人生观和良好的道德情操。

1. 贯彻素质教育,培养正确的世界观

篮球课程教学是一个培养人才的教育过程,要重视政治思想教育、道德素质教育和集体主义教育,并结合篮球运动的特征培养顽强拼搏、勇于奉献的精神。

2. 掌握篮球理论知识,提高技术和战术水平

篮球教学使学生在掌握技术和战术的同时也要掌握相关的理论知识。理论知识是掌握技术和战术的依据,技术是战术的基础,三方面的学习内容是相互作用和统一的整体,教学中必须给予同等的重视。

3. 发展学生的身体素质,增强体质

身体素质是从事各项体育运动的物质基础。篮球运动本身需要运动者具有跑、跳、投等多种运动技能,篮球运动的学习可以活跃学生身心,促进身体正常发育,提高机能素质,发展学生身体的力量、速度、耐力和灵敏等素质。

4. 培养学生正确的思想意识、坚实的意志品质及学生对篮球运动的兴趣

篮球运动是集体对抗性项目,培养学生形成正确的世界观与人生观,养成团队协作和热爱集体的良好思想作风是篮球教学的主要任务之一。兴趣是最好的老师,对篮球运动有了浓厚的兴趣,能从篮球运动中享受到乐趣,才有可能把篮球运动作为人生终身锻炼的手段。

(二)篮球教学基本内容

篮球教学要根据不同层次的教学对象和教学目标选择不同的教学内容。教学是训练的基础,在许多情况下教学与训练的过程相互交融成一个统一的整体,所以教学内容与训练内容没有本质的区别,所不同的是教学侧重于掌握基本的概念、方法和技术规范,而训练则侧重于技术技能的熟练性与运用能力。

1.篮球技术动作的教学

掌握篮球运动技能往往从学习技术动作开始,技术动作的教学是初学阶段最主要的教学内容。技术动作的教学包括技术规格、技术动作要领和技术的运用等内容。为使学生提高技术水平,教学始终要强调动作的规范性,使学生掌握基本功,为实践运用创造条件。

2.篮球战术方法教学

战术阵势和配合是篮球运动竞赛的特征之一,战术方法是教学的重要内容。在战术教学中要使学生了解战术配合的方法要点与运用时机,与此同时,还要培养学生的配合协作意识,使其能够在比赛实战中机动灵活运用。

3.篮球理论知识的教学

篮球运动已经形成了比较完善的理论与知识体系,其中包括教学训练理论、战术实践理论、规则与裁判方法和竞赛组织理论等等,这些理论构成篮球学科的知识体系,是学习篮球课程必须掌握的内容。

三、篮球教学的特点

篮球教学作为体育活动的一个组成部分,在教学过程中必须遵循体育教学的基本原理,而且还应根据篮球教学规律,正确认识篮球教学的特点。这对科学组织篮球教学过程,提高教学质量都有十分重要的意义。

(一)篮球教学是一个基本知识传授和基本技能学习的过程

篮球教学活动具有确定的方向性和明确的目的性。体育院校篮球教学的目的是使学生掌握篮球的基本知识、基本技术和基本技能,学会篮球运动的组织教学方法和基本技巧，具备在普通学校体育教学中能运用篮球教材组织学生进行身体活动的能力。可以说，篮球教学是更侧重于使学生由不会到会，由不懂到懂，逐步掌握各项篮球技术与技能的一个过程。根据教学任务与学生的实际情况，教学往往从基本的篮球知识、技术、技能开始。因此更强调在篮球教学中必须遵循篮球技术、技能形成的基本规律。

(二)篮球教学是以发挥学生对球的感知能力为前提条件的

篮球运动是以手控球的一项运动，绝大多数技术都是通过手对球的控制与支配所完成的。手对球的感知能力是学习与掌握篮球技能的前提条件。这种专门性感知能力的掌握与提高需要在较长时期的练习中逐步发展起来，这种感知能力培养的本质属于特殊知觉的发展过程，对练习具有一定的依赖性，即"练则提高，不练则退"。因此在篮球教学实践中必须重视这一特点，始终重视与加强对学生这种专门性的"球感"能力的练习，这也是篮球教学的专项原则所决定的。

(三)篮球教学是一个教与学的统一活动过程

篮球教学是把教师的教和学生的学的活动交错或者结合在一起的一个双方面的活动。教学活动正是由于有这两方面的共同活动，才使其具有其他活动所不能替代的特殊功效。篮球教学中包括教师传递信息的教授法，也包括学生听讲和观察的学习法，是以解决教学任务为目的的师生共同活动的方法，是指导者与被指导者双方的活动。篮球教学始终是通过教师的不断指导与学生的反复练习来实现教学的目标，篮球教学永远是教与学统一的活动，具有双边性的特点。

(四)篮球教学的组织

更强调教师的组织能力与技巧篮球教学是在篮球场上进行的，课堂上往往面临的学生人数较多，可利用的场地有限，这给教学组织带来了一定的困难。同时，篮球教学是以发展学生控制与支配球的技能为前提的活动过程，但由于学生技术参差不齐，在学习和练习过程中必然会出现很多的失误,不可避免地影响教学次序,导致课堂混乱,影响练习的强度和密度。这就要求篮球教师必须有较高的组织能力与教学技巧,使课程教学有序地进行。所以说,篮球教学具有组织性与技巧性。

第二节 篮球运动教学理论

一、篮球教学的理论依据与原则

(一)篮球教学的理论依据

任何教学过程都必须依据科学理论来组织实施。篮球运动属于身体直接接触的集体对抗性项目,教学过程较为复杂。社会学、生理学、心理学和运动技能学等科学理论都对篮球运动教学具有重大的指导意义。篮球教学理论依据在于以下几个方面。

1.认知理论

篮球教学向学生传授大量的操作性知识,学生对篮球教材的感知、理解、巩固、运用和评价等认知活动有其固有规律。在教学实践中特别注意使篮球知识与篮球技术表象之间建立起联系,使身体练习在表象的定向作用下进行,同时还要通过认知活动来激发学生学习篮球运动的动机和兴趣。

2.动作技能形成与发展理论

篮球运动技能的形成与发展一般经历初步掌握、改进提高、巩固运用和创新阶段。这一过程分为泛化、分化、巩固和自动化三个阶段,是大脑皮层相应的运动中枢兴奋与抑制由扩散趋向集中、分化抑制逐步建立的过程,其本质是建立复杂的,连锁的运动条件反射。

3.运动过程中人体生理机能活动变化规律

篮球教学是教师组织学生进行运动实践的过程,身体练习是掌握篮球技术、发展技能的主要途径。练习中人体由安静状态进入工作状态,人体工作能力由逐步提高进入到最大限度的水平,最后又逐步降低。因此,遵循人体生理机能变化活动、变化规律来组织篮球教学,不但可以提高教学质量,而且还可以增进健康、减少运动创伤事故的发生。

4. 篮球运动技能开放性和对抗性理论

篮球技能属于开放性运动技能(又称非周期性技能)。篮球技术的运用取决于实战中攻守关系的变化,没有固定的程序。因此,篮球教学必须遵循篮球运动技能学习与认知规律,采用相应方法,把培养应变能力、对抗能力、配合能力以及意志品质放在重要的地位。

(二)篮球教学原则

教学原则是建立在教学理论依据的基础上,结合教学实践规律,总结出来的从事教学活动必须遵循的准则。

1. 一般教学原则

(1)自觉性、积极性原则。在篮球教学过程中,学生是学习活动主体,唯有学生积极参与教学方可成功,因此,篮球教学必须培养兴趣,调动学生学习的主动性和自觉性。

(2)直观性原则。在篮球技能的教学过程中,学生获取有关信息的主要途径是观察,而观察必须借助各种直观手段。直观教学手段很多,除示范外,将各种声像和计算机多媒体技术广泛运用于技、战术教学,都可收到较好的效果。

(3)渐进性和巩固性原则。篮球知识技能的学习是一个渐进的过程,技术技能的掌握要由浅入深地进行,同时还要采用有效的方法,及时巩固新学习的知识内容,防止遗忘与消退。

(4)合理安排运动负荷原则。运动教学的主要特征是身体练习,学生在承受运动负荷的情况下学习掌握技能,同时促进有机体机能能力的适应性改善。因此,合理安排运动负荷不但是技战术学习的需要,也是促进学生运动素质提高的客观要求。

2. 专项教学原则

依据篮球运动技能的开放性和对抗性理论,深入研究篮球运动的特点和篮球教学的实践经验,从认知策略的角度可以提出如下特有的教学原则。

(1)专门性知觉优先发展原则。球、场地、器具、时间和同伴等要素构成了特有的篮球运动环境,对环境和器具的感知是专门性知觉优先发展的过程。其中手指手腕对球的控制能力对篮球教学至关重要,教学中常常采用大量的熟悉"球性"的练习来优先发展这种能力。因此,专门性知觉优先发展是篮球运动所特有的教学原则。

(2)学习技术动作与实战对抗运用相结合的原则。篮球技术的对抗性与开放性决定在教学过程中必须把实战对抗能力的提高放在重要的地位。学生在学习篮球技能时,首先应建立对抗和时效概念,而不仅是将技术视为固定程序的运动操作,在实战中学和在适应中学是篮球技能形成与发展的普遍规律。因此,必须把技术动作的学习与实战运用的能力结合起来。

(3)技术个体化和区别对待的原则。技术动作的规范性是篮球教学普遍追求的目标。学习者在身体形态、行为习惯、身体素质、智力和篮球运动经历等诸多方面存在差异,使得"技术规范化"的个体表现也存在较大的差别。因此,篮球教学要在规范化的基础上遵循及时的个体化原则,容许学生之间存在技术动作上的细微差别,同时要根据对象的不同来选择不同的教学方法,贯彻区别对待原则。

二、篮球教学方法与步骤

(一)篮球教学方法

篮球教学方法是篮球教学过程中教师向学生传授有关知识技能,师生相互进行信息交流时所采用的方法总称。下列教学方法是广大师生多年教学实践的经验总结和概括。

1. 演示

教学中适时地进行技术动作的示范和战术配合方法示范,运用幻灯、投影、挂图和录像等手段,使学生直观的感知教学内容。实践中示范往往与讲解相互配合,要正确地选择示范的队形和示范方位,示范动作要正确规范。

2. 讲解

教学中采用简练精确的语言来分析技术动作的方法和要领、战术配合的方法和要求以及运用过程中的注意事项等，使学生感知教学内容。实践中，讲解要与示范相互配合，讲解的内容要与学生的程度相适应，要掌握好讲解的时机，突出重点。

3. 练习

练习是掌握篮球技能的最重要的方法。根据练习的形式可分为分解练习、完整练习；根据篮球运动特点可分为个人技术练习、配合性练习和对抗性练习等。运用练习方法要讲求实效，合理安排练习的强度、密度和运动量。

4. 纠正错误

在练习的过程中，学生不可避免地会出现错误，教师必须及时纠正。教学实践中，纠正错误首先要分析产生错误的原因，然后再采取相应的措施。实践中经常采取的方法有诱导法和条件限制法。

上述教学方法在教学中相互配合使用，有利于实现教学的整体功能。

近年来，先进的教育教学理论在我国体育教学领域已经产生了广泛的影响，教学方法革新的速度越来越快，声像技术、电子技术和多媒体技术等已经在篮球教学领域广泛运用，篮球教学手段的现代化、科学化已经成为必然的发展趋势。在我国篮球教学领域也有许多教师对新教学方法进行了研究，如指导发现教学法、掌握学习教学法、合作学习法、领会教学法等，都取得了可喜的成果。实践中，各种教学方法的改革不是对某一种传统方法的更替，而是根据各自的实践对自身教学方法进行扬弃与改进，使之成为更有效的方法。只有将人与方法统一起来去认识、去研究、去改革，教学方法在理论与实践上才会有新的突破。

(二)篮球技术教学步骤

1. 掌握技术动作，形成动作定型

(1)建立正确的技术动作表象和完整的动作概念

利用示范动作、图片、电影、录像等直观教具演示动作技术，使学生了

解所要学习的技术动作形象,建立正确的技术动作表象,提高学习兴趣,激发学习自觉性、积极性。为了建立完整的示范动作概念,一般先做一次完整的示范动作,再根据技术动作的结构和要求,做重点示范,使学生重点注意最主要的动作环节。

运用语言向学生讲解技术动作的名称、作用方法、要领和要求等,指导学生进行技术练习。正确地讲解有助于学生掌握技术动作,启发学生积极思维,加深对技术动作的理解,培养分析问题和解决问题的能力。讲解一般是按技术动作结构顺序进行,语言要通俗易懂、简明扼要,表达要生动形象。

试做。在示范与讲解的基础上,让学生尝试与体会动作,把视觉听觉、本体感觉联合起来,以便获得技术动作的运动感觉,这是形成正确技术动作概念的重要环节。教师检验学生对技术动作概念的理解程度,发现主要问题,特别是技术动作主要环节的完成情况。并且对技术动作进行补充示范与讲解,强化动作概念的形成。

示范、讲解、试做使学生看、听、想、做有机结合起来,加速形成正确、完整的技术动作概念。

(2)掌握技术动作,形成正确的技术动力定型

根据技术动作的难易程度,教师正确地选择和运用联系方法。

①采用重复练习法,在简单条件下练习,形成正确的技术动作动力定型。

安排学生在合适的位置,以适当的速度完成动作,消除紧张情绪和多余的动作,逐步形成正确的动力定型。如学生单手臂上篮时,暂时可以对准备姿势、全身协调用力等动作细节不作要求,抓住动作的主要环节,集中练习伸前臂、屈手臂、手指用力拨球动作。通过反复练习,使学生掌握正确的投篮方法,在这个基础上,再对投篮技术动作各个环节提出要求,进行完整练习。在这个教学步骤中,学生常会产生这样或那样的错误,教师要善于发现和纠正错误,这对于学生形成正确的技术动力定型十分重要。

②采用变换练习法,在复杂情况下巩固技术动作的动力定型。

通过变换完成技术动作的条件和练习的组织形式,加大完成技术动作的难度,提高完成动作的要求,从而达到巩固、改进和完善动作的目的,如变换传接球练习的距离和练习形式等。在变换练习中,注意纠正新出现的错误,使技术动作逐步协调、准确。

2.掌握组合技术,学会初步运用

在学习两个或者两个以上的组合技术动作时,除了进一步巩固已形成的技术动作定型外,主要解决技术之间的衔接,掌握各种组合技术,为在对抗条件下运用技术打好基础。

技术动作组合方法有先后完成动作的组合(如接球后运球)、同时完成动作的组合(如急停接球)、附加假动作的组合(如假投篮及持球突破组合)。

(1)掌握动作组合之间的衔接

掌握组合技术,首先要解决动作之间的衔接问题,连贯合理又快速省力地完成动作。如练习运球后传球时,在运球过程中最后一次运球按拍球的部位、用力的大小、球反弹的高度、球离身体的距离,都要为接球做准备,而接球又要为传球做好准备。运球、接球、传球三个动作衔接连贯,保证传球动作顺利进行。开始学习组合技术时,一般是在原地慢速练习,以不破坏已形成的正确技术动作定型为原则,然后逐渐加快完成动作的速度。通过反复练习,连贯合理地完成动作,最后力争在对抗中合理运用。

(2)提高完成组合技术的质量

在能连贯地完成组合技术的基础上,进一步去掌握组合技术的节奏、速度与动作的准确性。如练习行进间运球投篮组合技术时,要求行进间运球的速度稍快、跨步跳起接球的动作要慢一些、上步踏跳的步幅稍小、蹬地要有力,将向前的速度变为垂直向上的速度,便于空中完成投篮动作。通过反复练习,逐步领会完成组合技术的快慢节奏,提高动作衔接的质量。

(3)掌握假动作,提高运用技术的应变能力

利用某些动作作为假动作,来迷惑对手,使其重心移动、失去有利位

置而乘虚而入,完成预先打算的第二个动作。假动作要逼真,而且变化快速。如原地持球突破前,先做投篮动作,然后快速变为持球突破动作,以达到超越对手的目的。通过反复练习,不断提高运用技术的应变能力,假动作结合其他动作技术,要注意真假动作的节奏,一般假慢真快,效果较好,因为假动作太快,防对手尚未反应过来,不宜起到迷惑对手的作用。

3. 在攻守对抗情况下,提高运用技术能力

在攻守对抗情况下,学会克服对手的阻挠和制约,达到及时准确、合理地运用技术。在这个教学步骤中,一般按以下顺序进行练习。

(1)在规定的攻守条件下,掌握运用时机,完成技术动作

练习时,应对攻守对抗提出针对性要求,练习进攻技术时,规定防守的要求;练习防守技术时,规定进攻的要求。如练习反弹传球,规定防守队员必须张臂上下摆动,进攻队员要根据防守队员挥臂部位与动作快慢,判断传球出手的时机。通过反复练习,及时、准确完成动作。

(2)在消极攻守对抗情况下,选择运用时机,提高技术运用能力

以练习进攻为例,在消极攻守对抗条件下让队员自己观察判断对手的身体情况,运用假动作,制造假象,迷惑对手,造成对手产生错误的行为时,乘机进行攻击。如进攻队员投篮前运用球和脚步动作做假动作,造成防守队员的错误判断而失去正确的防守位置,进攻队员抓住时机,迅速地进行投篮。

(3)在积极攻守对抗的情况下,进一步提高技术运用的能力

要求运动员在对手积极阻挠和制约的情况下,冷静观察,准确判断,主动应变,果断行动。在攻守对抗练习中,由于对手的干扰与制约,可能过早暴露自己的意图,产生技术上的错误和贻误战机等现象。教师应针对具体问题,耐心地进行示范与分析,并通过反复练习,提高技术运用的应变能力。

在篮球技术教学中,教学步骤与顺序不是一成不变的,而是灵活地加以运用。一般地说,在开始教篮球技术时,特别要重视掌握正确的技术动作,严格规范要求,反复进行练习。并在此基础上,与掌握组合技术的教

学交叉进行,学会运用。然后,再转入攻守对抗练习。在投篮技术教学中,还要攻守兼顾,注意运用手脚完成某些技术动作。

(三)篮球战术教学步骤

篮球战术的教学任务,是使学生掌握战术方法,学会在比赛中运用。由于篮球战术内容丰富,因此教学方法比较复杂。在实践中,通常分为三个教学步骤。

1.建立战术概念,掌握战术方法

(1)建立完整的概念。战术展示与讲解,一般采用小黑板、沙盘、图片和组织学生进行战术演示,同时,运用简明扼要的语言,阐明战术的阵型、配合方法、移动路线、动作顺序与时间,以及每个队员的作用与同伴协调的行动,使学生比较清楚地了解战术方法的全过程。完整战术方法演示之后,还可以重复演示或重点演示战术中某个环节,进一步讲解战术的实质,启发学生的思维,加深对战术的理解。在演示、讲解的基础上,使学生在假象攻或守的情况下进行现场试做,实际体会战术阵型、位置分工、配合路线、配合行动等,将看、听、想、做有机地结合起来,加深和巩固已形成的战术概念。

(2)掌握局部战术配合方法。局部战术配合的教学,应先重点进行主要配合教学,后学次要配合,再进行战术配合的组合教学。

示范。讲解局部战术的配合的方法和用途,包括配合的位置、移动线路、配合动作、配合时间和运用时机等。战术配合的组合教学主要强调主次配合的衔接、连续性及其变化。

在假设的攻守条件下,掌握配合方法。练习时以标志物做假设对手或配合的位置,按照配合过程有序地进行练习,建立队员之间协调行动,初步掌握局部战术方法。

在消极攻守条件下,掌握配合时机。练习时,要注意观察同伴和对手的行动,根据攻守制约的情况,掌握熟练地采取合理的配合的能力。

(3)掌握全队战术方法:①在消极攻守对抗的条件下,熟悉全队战术阵型、配合线路;②在积极攻守对抗的条件下,提高运用战术的能力。

2.提高战术综合运用能力和攻守转化速度

在掌握两个和两个以上全队攻守战术方法的基础上,结合比赛进行攻守转换战术组合练习,提高运用战术的应变能力。

(1)提高进攻与防守战术的转化能力

在练习中,当进攻结束时,应立即干扰对方获篮板球后的第一传或掷界外球,同时迅速转入全场、半场防守;当防守结束时,应立即转入反击发动快攻,如快攻受阻,再转入阵地进攻。由守转攻时,转换要快速。

(2)提高综合运用战术的能力

在练习中,根据对方的情况,有策略地运用各种战术,造成对方难以适应而产生漏洞或失误。如攻转守中,在前场采取全场区域紧逼,到后场采用区域联防;在半场防守时,采用区域联防,根据进攻阵型又立即变为对位联防,还可以由对位联防再变为人盯人防守,争取主动。

第三节 篮球运动科学研究

一、篮球运动科研的意义

一个国家体育发展方针、政策、制度的正确和完善与否,从根本上制约和决定着体育发展的规模和速度。而推动篮球运动发展的重要手段是篮球科研,所以只有大力开展体育科学研究活动,方能从整体上使我国科学体育体系不断地完善,科学理论水平不断地提高。体育科学理论只有具有先进性、时代性和科学性,方能有效地指导体育运动实践。篮球运动科研的意义主要体现在以下几个方面。

(一)篮球运动科学研究是建立高素质师资队伍的重要环节

高素质的教师队伍,是高质量教育的一个最基本条件,在学校教育中,处于主导地位的是教师,教师的世界观、价值观和言行随时都对学生产生潜移默化的影响,要培养合格体育人才,必须重视教师在教学中的作用,培养一支高素质的师资队伍。篮球运动科研有助于体育工作者树立科学的世界观,提高认识能力、科学素养和业务水平。科学研究是人类有目的、有计划的探索未知、创造新知识的一种认识活动,有利于教师在教学活动中发现问题,解决问题,从而在适应社会主义市场经济体制下,培养体育专业人才的模式。

而如何提高专业教师的科研能力,是建立高素质师资队伍的重要环节,也是提高教学质量的关键因素。学校若想提高教师的科研能力,应做到:首先,要加强科研工作的研究和管理。作为篮球科研工作的管理部门,一定要学习和掌握这些特点和规律,加强对篮球科研工作的研究,提高管理水平,把新理论、新技术、新方法运用到篮球科研的管理工作中,把握篮球科研的时代脉搏。其次,学校要培育一种积极向上,有序竞争的用人环境,建立完善的教学效果评价体系和教师科研奖励条例,同时把篮球科研、篮球教学、训练工作相结合起来,充分发扬体育科研促进教学,服务训练的作用,鼓励和支持教师积极从事科学研究,提高教师教学科研能力。最后,建立学科带头人的教学、科研管理制度,充分发挥老教师教学经验丰富、科研能力强的优势,注重老教师传、帮、带的作用,把一些思想觉悟高,业务素质强的青年教师吸收到科研队伍中,并且发挥青年教师年富力强、头脑灵活、思维敏捷、敢于探索、勇于拼搏的特长,有组织、有计划、多渠道地开展体育科研工作。

(二)有利于丰富全民健身活动的内容,促进全民体质的增强

篮球运动研究还有助于改善个人的生活方式与生活质量。当然,不同年龄、不同性别、不同职业的社会成员之间在体质方面有着巨大的差异。因此,篮球运动的方式,锻炼时间的长短,强度大小等,只有因人制宜,才有利于全民健身战略的实施。

(三)为篮球运动竞技水平的提高提供科学依据和指导

现代篮球运动已经达到较高的水平,如果要继续攀登世界篮球运动的高峰,单靠老一套的训练或经验训练是绝不能达到的,所以必须依靠体育科学,依靠篮球科学研究对篮球领域内诸多方面进行探索。借助对篮球教学、训练、比赛中的变化规律,进行科学选材;教学、训练、竞赛的管

理;有效调控比赛心理状态;合理营养、疲劳恢复等具有针对性的研究,为教学、训练、比赛提供科学的依据,从而加快我国篮球运动竞技水平的提高。①

二、篮球运动科研的特点

篮球运动科学与其他体育项目科学研究一样具有许多共同的规律。但由于篮球运动本身的特殊性,从而使篮球运动科研活动具有以下特点。

(一)研究的综合性

由于篮球运动的发展受政治、经济、文化、教育等诸多社会因素的制约,篮球运动的参加者不仅受生理、心理、文化等多种因素的影响,同时,随着现代篮球向科学化、社会化及职业化道路的迈进,职业篮球带来的商业化、产业化促进21世纪篮球运动观念、理论的更新,技术与战术的创新,形成了篮球运动的新特征。而且篮球运动科学研究涉及体育学科如人体解剖学、人体测量学、运动生理学、运动生物化学、运动生物力学、运动医学、运动营养学、运动保健学、运动训练学、体育心理学及统计学、教育学、社会学、经济学、法学、管理学、哲学、文学等多种学科和老"三论"和新"三论"等创新理论。因此,为了全面地探索篮球运动的未知因素,揭示篮球运动的规律,有必要进行涉及科学、人文社会学、哲学等方面的综合研究。而综合运用各种研究方法,可以从不同角度探讨篮球运动的诸多问题,从而拓宽篮球科研领域,加大研究深度,增强研究的科学性、实效性和针对性。

(二)研究内容的范围广、包容量大

随着篮球运动的发展,现代篮球比赛已不仅体现在双方队员在篮球场上的竞技,而且也反映在场下球队建设的全方位抗衡。由此决定了篮球运动科学研究所要探索的未知事物涉及的范围广、问题多,在研究过程中充满了许多不确定的未知因素,从而为篮球科学研究提供了广阔的空

---

① 刘学奎,刘彬,李斌.篮球运动教育教程[M].长春:吉林大学出版社,2017:183.

间。就研究层面来讲既有指导性的理论体系、领导体制和发展战略等的宏观研究,同时又有操作性的生化反应、力学分析和技术运用等应用研究;既有对国家队等高层次篮球队的研究,又有对少儿篮球以及篮球后备力量的研究。

(三)科研过程的动态性和研究结果的创新性

外部的环境变化则是篮球运动创新提高的外源性动力。规则的修订、赛制的调整、体制的转变、相关学科知识的发展和现代科学技术的创新,都对篮球运动的持续动态发展、不断创新提高起到了积极的引导和促进作用。

而且篮球运动科学研究也秉承了篮球运动的动态特点。篮球运动科学研究一般时间长、跨度大。从提出科学假想、搜集资料、进行预实验、科研实验到结果分析、科学论证、得出结果,其过程就是一个动态发展的过程。随着相关学科知识和科学技术的发展,越来越多的新理论、新方法、新手段、新科技成果运用于科研之中,使篮球运动科学研究的方法、成果也不断创新发展。由此可见,研究中一成不变的方法、思想,没有新意的命题、思维,都无法保证研究的科学性和创新性,同时也会影响研究结果的实效性。

三、篮球运动科研的主要内容

随着现代科学技术的发展,篮球运动科学研究在其发展中不断地吸收其他科学领域的知识和方法,是篮球运动科学研究的范畴越来越宽,探讨的问题越来越深入,研究的方法越来越广泛,概括起来有:对篮球运动发展史的研究;对篮球技战术的发展、运用与创新的研究;对篮球运动员选材、育才、成才规律的研究;篮球与相关学科的理论运用研究;对篮球规则、裁判法的研究;对我国篮球运动发展的战略与规划研究;对篮球职业化、产业化的研究。[①]

---

① 王小安,张培峰.现代篮球运动教程[M].北京:北京体育大学出版社,2007:209.

第三章　篮球运动教学开展与组织实施

第一节　篮球运动负荷及其合理安排

一、篮球运动负荷的基本要素与特征

(一)运动负荷的基本要素

构成运动负荷的要素主要有三种,分别是运动负荷强度、运动负荷时间和运动负荷积分。这三种要素有着非常密切的联系,同时又相互区别。

1.负荷强度

所谓负荷强度是指人的整个生理机能在受到相应运动负荷刺激的作用下所产生的反应幅度或程度。一般来说,运动强度与负荷强度呈现平行关系,即运动强度越大,那么产生的生理负荷也会越大;相反,也同样如此。

2.负荷时间

这里所说的负荷时间是指运动负荷在整个运动过程中持续作用的时间。由于运动前状态等因素,使得负荷时间增加,再加上停止运动之后人体生理机能需要恢复的时间,实际上运动负荷所作用的时间要远远长于运动时间,但一般情况下,负荷时间是指人体在运动阶段承受负荷的时间。

3.负荷积分

所谓负荷积分是指生理负荷强度在运动过程中随着负荷时间的变化的函数关系。就本质而言,它是指负荷强度与负荷时间的积分,既能够对运动负荷量进行反映,同时也能够更好地对人体运动生理负荷的机能潜

力进行反映的一项综合指标。[①]

(二)运动负荷量的决定因素

运动强度、运动时间和负荷反应是决定运动负荷量大小的三个重要因素。其中，运动时间是与运动强度和负荷反应成反比关系。如果运动强度越大，它所引起的生理负荷反应就会越大，运动持续的时间也会相应缩短，负荷积分值也会相对较小；如果运动强度刺激较为适宜，那么它所引起的负荷强度反应相对较大，并且能够持续最长的运动时间，所产生的负荷积分值也会最大。但从运动负荷反应来看，不同的个体对于同一运动强度的刺激也会产生不同的反应。

(三)篮球运动负荷的特征

1.负荷水平的极限化

在进行篮球运动训练的过程汇总，如果机体所承受的训练负荷没有达到最大的承受能力水平，那么身体机能、技术、战术水平也就很难得到相应的提高。对于运动员的有机体，只有通过各种身体、技术和战术练习给予其最为强烈的刺激，那么才能促使有机体能够产生强烈的反应，并发生相应的深刻变化，这样才能将运动员有机体的机能潜力充分挖掘出来，以更好地适应和满足运动员参与激烈比赛和创造优异运动成绩的需要。

2.负荷量度的个体化

由于人的个体化差异以及人体存在复杂性，这就要求教练员在针对每个运动员的个体实际情况来对个体和整体的适宜负荷进行确定。

3.负荷内容的专门化

随着篮球运动技战术水平的不断提高，这就要求运动员要根据篮球运动专项的特点和供能特征进行训练。这种专门化训练，其内容并不是仅仅针对篮球运动本身，而是要求所采用的运动负荷内容要促使运动员有机体的身体素质、技战术水平得到不断提高。

---

① 王成,杭兰平,虞荣安.大学体育理论[M].西安:西北工业大学出版社,2014:99.

4.负荷水平的动态化

对于运动训练负荷,运动员有机体有着非常强的适应性,对于原有的运动负荷,机体在产生适应之后,那么这种负荷就失去了对机体的刺激作用。此时,只有使负荷水平不断增加,才能更好地促使机体的能力得到不断提高。不管是从个体还是从负荷发展的总趋势来看,整个负荷都是在动态变化中不断提高的。

二、合理安排运动负荷

从传统训练观点的角度来看,只有通过进行大运动量、高强度的训练,才能促使运动成绩得到提高。

很多运动研究都表明,运动员竞技水平的提高,是在训练负荷不断增加的条件下,进行多年系统训练的结果。根据国外有关针对优秀运动员成长过程的研究可知,运动成绩随着运动训练量和负荷强度的不断增加而得到相应的提高,两者之间的相关系数也是非常高的。

但有运动实践研究表明,在训练的过程中,如果只是一味地追求大强度、大运动量的训练就有可能导致发生运动损伤,这就过早地扼杀了运动员的发展潜力,从而给运动员竞技水平的提高带来了不利影响,这就要求在训练过程中要对训练负荷进行控制和监测。

(一)合理安排负荷的基本要求

依据机体在适宜负荷下的生物适应现象和过度负荷下的劣变现象,在篮球运动教学和训练课中进行运动负荷的安排要遵循适宜负荷原则:能够更好地促使运动员达到更高水平的专项竞技能力;运动员有机体训练负荷的可接受性;能够促使运动员各种能力产生定向性变化;训练负荷的量与强度要有适宜的比例;负荷安排的节奏要保证课与课之间衔接,能产生后续效应。

(二)科学探求负荷量度的临界值

对于运动个体负荷量度临界值,随着运动个体的发育程度、竞技水平、训练水平等比较稳定的状态的变化,其大小也会产生变化,同时也会受到运动个体日常休息、健康状况和心理状态因素的影响。在对运动负荷进行评价和测定时,必须具有充分的科学依据,对负荷量度的临界值采用科学的诊断方法来进行准确掌握。目前来说,在人们还未能完全认识和把握负荷极限的情况下,一般来说,要注意保留余地,从而更好地避免出现运动损伤和过度疲劳。

(三)科学安排教学与训练课的运动负荷

1.训练课的负荷

在篮球运动训练中,对训练课的训练符合进行合理、科学的安排,能够获得更为理想的训练效果。因此,在针对篮球运动训练课进行训练课计划的制订时,要做到以下两点。

第一,训练内容方面要具有足够的难度和要求,从而使训练内容能够成为有效的刺激因素,来更好地促进运动员运动机体能力得到不断提高。

第二,要保证训练计划能够适应运动员的机能状态和训练水平。

此外,在做好以上两点后,还要注意以下两点要求。

第一,在疲劳逐渐发展的情况下,要保障运动员训练达到一定的训练量,这样才能使运动员机体达到极限负荷量的同时,给予机体所需要的应激性和较高的训练效应。

第二,在运动员有机体出现明显疲劳的情况下,训练活动所持续的时间不要太长,这样能够有效避免对运动员的心理状态和技术训练水平产生不良影响。

2.体育课的负荷

根据国内外的相关研究显示,对于一般人来说,心率保持在120～140次/分钟,此时的运动强度为最佳,能够获得理想的健身效果,在时间方面,要保持这一强度占每次锻炼总时间的2/3左右;心率在110次/分钟以下时,健身价值不大,这主要是因为机体的血液成分、血压、心电图、尿蛋白等都没有发生明显的变化;心率在130次/分钟时,此时的运动负荷能够使心脏的每搏输出量接近或达到一般人的最佳状态,能够获得明显的健身效果;心率在150次/分钟时,心脏的每搏输出量就开始下降;心率达到160～170次/分钟时,虽然不会出现不良反应,但也没有明显的健身效果。因此,一般情况下,将心率在110～150次/分钟的区间,确定为运动负荷有效价值阈;把心率在120～140次/分钟的区间,确定为运动负荷最佳价值域。

中等强度和高密度是篮球运动教学课的运动密度和强度趋势。教师只要对篮球课进行精心的准备,并进行精炼、简明扼要、生动的讲解和准确、恰当的示范,并避免将篮球教学课视为教师讲解课或示范课,鼓励学生有更多的时间参与锻炼,这样才能使学生在愉快的氛围中得到更为充分的锻炼,以促进学生身心得到更为全面健康的发展,密度也能够确保达到50%～70%。

第二节 篮球运动教学课的组织与实施

一、篮球教学课的类型

(一)理论课

理论课是向学生传授有关篮球运动基础理论知识和基本方法的课程形式,根据教学目标要求,篮球教学理论课又分为讲授课和考核课两种。

1. 讲授课

讲授课是篮球理论课的主要形式,是指按照课程计划,在课堂上系统地向学生讲授篮球基本理论知识的课型。根据教学目标及学生身心特点,合理安排理论课的教材内容及比例。

2. 考核课

考核课是检查学生掌握理论知识情况的一种课型。考核的方式有抽查、课堂测验、期末考试等。考核后要进行评分和试卷分析,对存在的问题应向学生进行讲评。

(二)实践课

篮球实践课是指根据教学进度所规定的教学内容要求,组织学生进行练习的一类课型。它的目的是帮助学生掌握篮球基本动作、技能及方法、发展体能、增强体质、促进学生身心健康。根据每次课的具体教学目标,实践课一般可分为新授课、复习课、综合课和考核课四种类型。

1.新授课

新授课是以学习新教材内容为主的课型。其主要任务是帮助学生形成正确的技能概念与表象,初步掌握动作的要领与方法。在进行新授课教学时,应注意处理以下几方面的关系。

(1)使学生明确学习新教材内容的作用和基本要求,并扼要阐明新内容与旧内容的内在联系,激发学生对新内容学习的兴趣和积极性。

(2)教师应正确地运用讲解与示范,以及采用辅助、诱导、帮助、保护等教法措施,帮助学生在学习新教材内容过程中,迅速地形成正确的概念与表象,明确新技能要领与方法,使学生更快领会和掌握新技能。

(3)教师应根据新教材内容的性质和学生的具体情况,合理地、科学地的安排教法、教学步骤,分清主次、突出重点、难点,符合学生的实际,减少学生学习过程中的困难,提高教学效果。

2.复习课

复习课是对所学过的教材内容进行复习。复习不是简单的重复,而是在原有的基础上逐步的熟练、巩固、提高动作技能质量,形成正确、牢固的动力定型。要提高复习课的效果,合理地组织教学是关键,在具体教学时应注意以下几个方面的要求。

(1)在复习课中,根据学生掌握已学教材的实际情况,应在统一指导的基础上区别对待,对能力和水平不同的学生提出具体要求。

(2)为了改进、巩固和提高动作质量,发展学生体能,增强体质,在复习课中,应根据实际情况适当增加练习的重复次数和强度,合理地增大这类课的生理负荷。

3.综合课

综合课是新授内容和复习内容合理搭配的一种课型。即学生在课中既要学习新内容,又要复习已学过的内容。是目前篮球实践课最常见的一种课型。其优点是可以使统一教材内容的新旧结合,有利于加强教材内容的内在联系及整体性,以促进新动作的形成与提高。也可以是不同教材内容的新旧搭配,提高学生技战术水平,增强体质、体能。

4.考核课

考核课是以检查学生阶段或学期学习成绩为目的的一种课型。在组织考核课时注意以下基本要求。

(1)考核课前应使学生明确考核的目的、内容和基本要求,端正学生对考核的认识态度,使学生在身心上能做好充分准备。

(2)考核课应加强安全措施教育,防止伤害事故的发生。

(3)认真做好考核的准备、组织和记录工作,客观地测定与记录学生考核成绩,以保证考核课的顺利进行。

二、篮球教学课的组织

(一)篮球教学课组织的要求

1.加强学生的理论知识学习

(1)对学生加强思想政治教育

在对篮球教学目的和任务进行确定之前,要对学生的思想政治教育进行重视和加强,以便更为充分地调动学生的学习积极性,提高学生的责任感和荣誉感。在篮球教学中,教师有很多工作需要完成,这主要包括坚持严格要求,并进行严格训练;及时发现学生容易出现的问题,并针对问题提出更加切实可行的解决方法;激励运动员尽可能地完成训练任务等。在篮球教学中,这一部分是非常重要的环节,同时也是进行实践练习的基础和指导。

(2)重视培养学生良好品德

教师要将教育方针全面贯彻到篮球教学之中,培养学生高尚的道德以及坚强的意志品质。此外,还要根据学生具体实际,来对相关的教学方法、教学手段进行有针对性的选择和应用,向学生传授篮球运动基本理论和技术,全面提高学生的各种实际能力,增强学生体质,增进健康。

2. 加强学生的实践练习

(1)合理选用训练方法

篮球教学具有其自身独特的特点,只有在组织方面采用有效的措施,才能更好地保障教学任务得以顺利完成。但由于所处的客观条件存在差异,这使得所采取的措施也是不完全相同的。如有的学校场地、器材少,班的人数又多,因此在组织练习时就要从实际出发,使练习方法尽可能地灵活多变,这样才能达到既保证一定的运动量,又提高学生的积极性的目的。

(2)加强学生的合作意识和集体意识的培养

篮球运动作为一个运动项目,其具有很强的对抗性和集体性,在具体练习和比赛过程中,往往比较容易出现一些场上作风问题、思想问题以及违反纪律的问题等负面现象和做法。所以,在具体的篮球教学中,要进一步加强对学生进行思想方面的教育,对学生的思想和作风进行严格要求,严格禁止负面现象和行为的出现,使篮球教学课在合作、和谐的环境中进行。

(二)篮球教学课组织的手段

篮球教学课的组织手段主要有课堂常规、课的结构、学生干部作用的充分发挥三方面。

1. 课堂堂规

课堂常规有着较强的约束力,它是教师进行课堂管理的重要依据。在篮球教学课中,教师要对课堂常规的管理给予高度重视,对于学生的语言行为、课堂考勤等,要按照规定进行严格约束,并贯彻始终。此外,教师也要对课堂常规的规定和要求予以严格遵守。

2. 课的结构

课的结构主要包括准备、基本、结束三部分,在对课堂教学规律予以严格遵循的基础上,教师要根据课的结构顺序来采用不同的措施和管理办法,以避免课堂出现混乱情况。另外,对突发事件的处理也要采取果断而有效的措施。

3. 发挥学生干部的作用

在篮球教学课中,由于练习时间比较分散,对于管理方面的组织工作有着较大的难度,这就需要尽可能培养一些学生骨干,以更好地进行分组练习。在小组练习中,通过学生骨干来进行带领、组织和帮助,能够很好地为教师开展教学活动提供帮助,协助教师更好地完成相应的教学任务,同时还能够增强这些学生骨干的分析、组织和管理能力,提高他们发现问题、分析问题和解决问题的能力,从而为我国的篮球运动事业培养高素质、高水平的人才。

三、篮球教学课的具体实施

(一)理论课的具体实施

课堂教学是篮球理论教学课通常所采用的组织形式,也就是主要以教师的讲授为主,同时配合适当的课堂讨论,以使学生的学习兴趣得到激发。具体步骤如下:

首先,通过采用讲述或提问的形式,教师将前一次课的教学内容引出,以为接下来的新授课内容做好相应的准备和铺垫。

其次,在对本次课的内容进行讲授时,要重视反复论证篮球课的重难点,从而更好地达到强化的目的,促使学生对本次篮球课的主要内容进行有效掌握和理解。

最后,在课的结束部分,要将课的重点进行简明扼要的归纳和总结,同时还要布置相应的课后作业,以宣告下次课的教学内容。

(二)实践课的具体实施

在组织篮球教学实践课的过程中,要对篮球实践课给予充分的重视,只有上好实践课,才能顺利完成课时计划,提高学生技术水平。实践课要在课程标准内容、要求、顺序和进度安排的指导下进行,这就需要对课程标准的精神和思想加以准确把握,根据学生的身心特点、篮球运动的特点及运动规律来进行有针对性的安排,并不是随意而为的。

1. 篮球实践课的结构安排

在篮球教学实践课中,要重视合理安排准备部分、基本部分和结束部分的相关内容,并注意安排好各个部分所占课的比例关系。

(1)准备部分

①主要目的

确保学生能够在生理和心理方面做好对较大和最大运动负荷进行承受的准备,以避免在练习过程中出现运动损伤。

②主要任务

第一,对学生进行组织,将注意力进行集中,促使教学效率不断提高。

第二,对内脏器官、神经系统和各肌肉群的活动进行加强,促使其兴奋性得以不断提高,并促使课堂的学习气氛得以不断增强。

③主要内容

首先由班长、队长或值日生整队并清点出席人数,向教师报告;教师进行考勤检查,并将本次课的任务与要求向学生进行较为简要的说明。在准备部分所采取的相关练习内容需要根据基本部分的教学内容来进行确定,也就是说,要根据基本部门教学内容的具体需要,来选择相应的准备活动练习。一般来说,在准备部分练习内容主要由走、跑、跳、各种控制球、支配球和徒手体操、游戏的练习组成等。实践课除了要设置一般准备活动外,还要根据具体实际需要来设置专门的准备活动。

④组织方法

通常情况下,都会采用集体形式进行课的组织,但并不是所有教学和训练都是以集体的形式进行的,也有特殊情况,比如,训练课有时根据需要也可以给出一定时间做个人的特殊准备活动。

⑤时间安排

准备部分主要是以在教师组织下学生能够快速进入到训练状态作为主要目的,在一堂篮球实践课中,身体准备活动是其中必不可少的重要部分,通常会安排15~20分钟的时间来进行准备活动。在这一部分,既能够很好地集中学生的注意力,使学生的身体得到充分放松,同时还能够为基本部分的活动奠定良好的基础。

(2)基本部分

①主要目的

训练课的主要目的不仅包括教学课的主要目的,而且还致力于提高比赛能力和适应能力。

②主要任务

其主要任务是根据课程计划和课程标准的要求,通过对各种有利条件加以创造,来促使学生能够对篮球技战术和技能进行掌握和提高,同时也不断提高学生的运用能力。不仅如此,在运动强度和运动量方面也要遵循循序渐进的原则不断促进学生运动素质的发展,增强学生体质,促使学生篮球技巧、运动水平和篮球意识得以不断提高;要对学生的思想教育和心理练习进一步加强,并培养学生良好的拼搏精神和作风。

③主要内容

该部分主要根据相关计划来进行合理安排,通过采用各种形式的练习和比赛,如个人的、小组的、全队的身体练习、技术和战术练习、教学比赛、对外比赛等,来发展各项素质和能力,以提高实践能力。此外,还要结合各个时期的具体任务,增加运动量和运动强度,以提升学生的各项素质和能力。

④时间安排

教学课(两节课连上的)的时间安排一般在70分钟左右。实践课的时间安排通常占全课时的70%左右。

(3)结束部分

①主要目的

实践课的结束部分其主要目的是通过加速排除体内积存的乳酸,使参加运动的肌肉尽快地恢复到运动前的状态,而最终使运动员从生理上逐渐由运动状态平复下来,从心理上由运动状态逐渐恢复到平静状态。

②主要内容

在参与激烈训练之后,要采用一些适当的生理活动,以使学生能够逐渐缓和和平复激烈运动的生理状态和紧张兴奋的心理状态,从而更好地恢复到训练前的状态。结束部分的主要内容有:关于慢跑、游戏、放松练习和注意力转换的练习,除此之外,一些运动量不大的罚球、投篮练习也是较为合适的选择。

此外,在结束篮球实践课之前,教师还要组织学生进行小结,并给予相应的讲评,这主要包括以下两种形式。

一是对本次教学课,教师进行小结。

二是对本次教学课,师生共同进行小结。

小结要具有针对性、简短扼要;要以表扬为主,批评为辅;要尽量进行正面教育,避免使用负面教育,从而避免影响学生参与练习的积极性。

③时间安排

一般情况下,教学课结束部分的时间是5～10分钟,训练课结束部分的时间是15分钟左右。

2. 实践课的内容安排

实践课的内容主要包括运动员的组织、练习的组织、课的时间的安排,以及运动负荷的安排四个方面。

(1)运动员的组织

集体(全队或小组)训练和个人训练是运动员的组织的两种主要形式。通常在实践课中对这两种练习形式加以结合使用。

(2)练习的组织

练习的组织内容主要是指训练课作业进行的程序和作业内容的安排,一般是先进行基本技术练习,然后进行战术配合,接着进行全队战术练习,最后进行教学比赛训练。

(3)课的时间安排

一节篮球课的时间分为两种形式,一种是45分钟,另一种是90分钟。在安排课的时间方面,通常学习内容占到时间的60%,剩下的40%的时间用于巩固和复习学习内容。

(4)运动负荷的安排

在篮球实践课中,运动负荷的安排是非常重要的一个环节,能够恰当地组织安排训练内容,所安排的内容是否与客观规律相符合,是否科学,都是对一堂篮球实践课是否成功产生影响的重要因素。运动负荷的安排也是其中的一个重要影响因素。在篮球实践课中,只有使运动负荷做到合理安排,解决好大运动负荷训练的相关问题,才能促使学生的身体素质得到有效提高,同时也能大大提高学生的技战术训练水平,这些都是与实践需要相符合的。由此可以看出,首先要根据队员的实际情况来确定运动负荷;其次运动负荷的增长要遵循循序渐进的原则,由小到大。

此外,对于每次实践课的负荷强度和负荷密度,也要根据各个时期、各个训练阶段的任务来进行确定。一般来说,一次课应出现几次负荷高峰。通常情况下,在基本部分的前段就应出现第一高峰,在基本部分后段出现第二个高峰。此外,还要使整个实践课的系统性和完整性得到保持。

第三节 篮球运动教学课的实践指导

一、备课

对于体育教师来讲,备课是其必做的功课。在备课的过程中,教师要做好以下几个方面。

(一)认真钻研教材

通过对教材进行认真钻研,能够更好地帮助教师对篮球运动教学课的内容进行合理把握,并根据学生具体实际来选择适宜的教学内容。详细地说,教师应做好以下几方面工作。

第一,对篮球运动课程标准进行研究,并根据本学科的教学总目标以及各个单元、本次课的具体教学目标来更好地学习和领会篮球运动教学的基本要求,准确地把握好篮球运动教材体系的深度和范围。

第二,对于篮球运动不同的教学内容,教师要进行有针对性的筛选,并同时研究所选定的多项教材中的难点和重点,以及前后的联系,做好总结工作。

(二)深入了解学生

在篮球运动教学中,学生是其中的主体。在篮球运动教学课实施的过程中,只有做到将课堂教学活动与学生的具体实际和需要相符合,才能更好地促进学生的发展。这就要求,教师要全面了解学生,包括学生的身体健康、基础知识、运动能力水平、认知能力、个性特征、学习态度、兴趣需要,等等。

(三)选择教学方法

在进行篮球运动教学备课的过程中,教师要根据篮球运动教学的任务要求、教材的具体性质、学生的具体实际以及学校现有的场地器材条件等,来对篮球运动教学中所使用的课堂教学方式进行合理的设计,并确定好篮球运动教学活动的具体类型和结构。

(四)正确编写教案

这里所说的教案,其实就是课时计划。教案是对每一堂课具体深入的教学准备,同时也是对师生课堂上预期的教学活动的描述和设计。备课的最终结果就是编写教案。在了解教学对象和钻研教学内容的基础上,教师通过对教学组织设计来编写教案。对于体育教师来说,教案是其进行体育课堂教学的直接依据。

一个教案的完整内容主要包括以下几个方面:教学目标、教学内容、教学方法、本节课教学重点、运动负荷以及场地器材等,有的教案中还有课后记录等。

在进行教案编写的过程中,为了更好地保证教案的可行性和质量,教师必须重视以下几个方面。

第一,教案的编写要以课程标准的具体要求和学校的相关规定作为依据。

第二,体育教师要对学生的具体实际情况进行如实详细的记录,如体育基础、体育骨干、伤病情况等备课,同时要考虑到场地、器材的实际情况等。

第三,教案的编写必须符合规范,在详略程度方面要做到合理。

第四,在备课时,要做到语言精练、准确,正确运用教法。

(五)设计教学过程

教学过程既是一个比较特殊的认识过程,也是一个能够促进学生发展的过程,它是为了能够促使体育教学目标的顺利实现而计划和实施的。

1.篮球运动教学过程设计的原则

在对篮球运动教学过程进行设计的过程中要遵循以下几个基本原则。

(1)发挥教师主导作用原则

在篮球运动教学中,体育教师是信息的传递者,教师在篮球课堂教学中除了对信息进行编码,讲解内容之外,还要发挥主导作用,由对知识进行单纯的讲解转变为对学生掌握知识内容进行引导,引导学生能够自行、主动获取知识和培养能力。

(2)以学生为学习主体原则

学生在篮球运动教学过程中的主体作用主要表现为,充分发挥学生的学习积极性,使他们能够拥有更多的参与机会,使师生之间的双边活动得以活跃,从而促使学生能够从过去的被动接受知识转变为主动获取知识。

(3)体现篮球教学方法原则

篮球教学方法是为了更好地实现学校篮球运动教学目标,体育教师和学生共同采取的方式,它主要包括体育教师教的行为和学生学的行为,在对篮球运动教学方法进行选择时,必须考虑篮球运动的专项特点、学生特点、具体的教学目标和所选用媒体的特点。

(4)教学媒体优化原则

教学媒体的系统功能要想在篮球运动教学过程中充分发挥出来,就必须将多种媒体进行组合,形成一个更为优化的结构来实现,这就要求篮球运动教学媒体要对各种媒体的优化组合进行考虑,使它们各施所长,互为补充,相辅相成,为提高学生的学习兴趣服务。

(5)遵循学生认知规律原则

在对篮球运动教学过程进行设计的过程中,必须遵循学生的认知规律,只有与学生特有的认知要求相符合,才能获得更好的满意效果。随着年龄的增长以及知识经验的积累,学生的认知能力也会随之提高,这就要求教师在进行篮球运动教学设计时充分考虑这一点。

2.篮球教学过程的设计

教学过程的表述是采用类似于计算机流程图的形式,把复杂的教学过程分解为相对简单的几个环节,将教学过程中各个要素之间的关系很好地显示出来。这既能够对教学过程进行优化,同时还能够保证教学过程得以有序开展。

我国篮球运动课堂教学过程中,主要采用练习型、示范型、探究发现型三种形式,具体内容如下。

(1)练习型

这种类型的教学过程主要以篮球运动技能的练习为主,在具体操作过程中,教师需要借助于媒体或进行动作示范,将动作的路线、结构等主要动作要领,以及动作变化发展过程传授给学生,学生通过感觉器官来进行观察和模仿动作练习。

(2)示范型

对于那些需要进行运动实践的体育教材内容来说,示范是在设计体育教学过程中所必不可少的手段和途径。示范教学过程在篮球运动教学中有着非常广泛的应用,该类型的教学过程能够将篮球运动教学以身体活动作为主要形式的学科特点充分体现出来。

(3)探究发现型

探究发现型在篮球运动教学中主要用来组织学生进行观察、思考、探究原因、寻找规律等,这是教学生学会体育学习的主要教学方法。如表现为某一动作技能的结构或原理等,这样能够使学生的学习主动性和积极性得到充分激发和调动,更好地培养学生发现问题、探究问题、解决问题的能力。

在对篮球运动教学过程进行设计的过程中,教师要对教学内容的特点以及学生对篮球运动基本理论和技能的掌握情况进行充分考虑的基础上,同时结合具体的课堂教学目标,来对符合学生学习和发展需求的教学过程进行合理选用和设计。

(六)准备场地器材

在组织开展体育课前,体育教师要准备好课上所要使用的器材、场地,这是上好体育课的必要的物质保证。此外,针对场地和器材,教师要认真规划场地,并科学布置器材。

二、课堂管理

通常来说,篮球运动教学是学生学习篮球运动基本理论知识的重要途径,因此对篮球运动课堂教学加强管理有着非常重要的意义。下面就篮球运动教学课堂管理进行详细阐述。

(一)课堂管理的目的与要求

1. 篮球运动教学课课堂管理的目的

对于篮球运动教学课来说,其有着非常明显的课堂教学管理目的,主要体现为:向学生传授篮球运动文化、基本理论知识、技战术和技能;同时培养学生参与篮球运动锻炼的兴趣、积极性和主动性;进一步提高学生的活动能力和身体健康素质;培养学生的终身体育观念和意识;为社会培养全面素质的人才。

2. 篮球教学课课堂管理的要求

进行篮球课堂教学管理需要做到相关的一些基本要求,具体来说,主要涉及以下几个方面。

(1)突出篮球教学管理特色

篮球运动教学管理应突出的内容包括:①思想管理方面,要将学生需要与社会需要、育体与育心、校内体育教育与社会终身体育有机结合起来;②教学内容管理方面,将文化性与健身性、知识性与实践性、灵活性与统一性、民族性与国际性有机结合起来;③教学宏观控制方面,将统一要求与分类指导、业务督导与行政管理有机结合起来；④体育教学评价方面,将基本评价与特色评价、专题结合起来；⑤教学过程管理方面,将以情导教与以理施教、教师主导与学生主体、活泼的教学气氛与严厉的课堂纪律、培养刻苦精神与学生兴趣激发结合起来,从而培养出高素质、全面型的篮球运动人才。

(2)加强教学管理的科学性和专业性

篮球运动教学活动包含了很多内容,并且非常复杂,也具有非常强的专业性。因此,在篮球运动教学过程中,体育教师要准确把握好篮球运动教学机制,并进行渗透化管理,同时还要定期或不定期地检查篮球运动教学管理的效果,从而建立起科学有效的篮球运动教学管理机制。

(3)检测篮球教学的质量和效果

对篮球运动教学课堂加强管理,其目的就是促使篮球运动教学的效果和质量得到有效提高,它要求既要在整个篮球教学活动过程中进行落实,同时还要在篮球运动教学管理的所有环节中进行有效落实。

此外,体育教师在篮球运动教学过程中要充分发挥自身的管理主体作用,控制好其他的教学因素,以保证篮球运动教学活动得以顺利开展。

(二)课堂教务管理

1.编班

编班是篮球运动教学中进行教学管理的重要内容之一。篮球运动教学要参与到具体的编班过程中,并且要将篮球运动专项的特点和学生的学习与发展要求充分体现出来。此外,编班要结合每名学生的具体实际来进行。

具体来说,在篮球教学课程的编班过程中,应对以下事项引起注意。

第一,混合编班是我国目前所采用的主要形式。在进行混合编班的过程中,学校要针对各班体育基础好与差的学生以及男女学生比例尽可能地安排妥当,以更好地保证学生得到共同发展。

第二,在编班的具体过程中,要重视不同学生的合理搭配,以保证能够顺利开展篮球运动教学活动。

第三,在进行编班的过程中要对每个学生的篮球技能水平和运动基础进行充分考虑,以更好地对不同班级的学生进行合理分配。

2.安排课表

在安排篮球教学课表时,为了保证课表的可行性和合理性,需要注意以下几个方面。

第一,作为一项教学活动,篮球运动教学主要是以肢体活动为主,这就需要学生能够在活动中保持注意力的高度集中,因此在对篮球运动教学课表进行安排时,最好将课安排在上午的第三节和下午。

第二,要将每个班每周各个体育课之间的时间间隔控制在合理的范围之内。在安排篮球运动教学课时,还要对其他体育项目的课程时间进行安排。

第三,如果教学的进度相同或者内容一致,可将不同的班级统一起来上课,但是,要对一次课教学的人数进行有效的控制。

第四,对场地器材进行有效的布置和使用,同时还要注意做好器材的保养工作。

3.有效控制课堂教学

(1)体育教师的上课管理

体育教师既是篮球教学中的教学者,同时也是管理者,由此可见,做好篮球运动教学课堂管理工作是提高篮球运动教学质量的重要基础。在篮球运动教学课堂管理方面,体育教师的主要工作包括:建立课堂常规,做好思想政治工作,调动学生的积极性,进行合理分组,运用多种教学方法和手段,掌握好运动密度和强度,使用运动场地和器材,采用各类安全保护措施,以及确定教师和学生的服装要求等。

篮球运动教学目标的顺利实现是以篮球运动课堂教学活动顺利开展为前提的,这也是整个篮球运动课程计划得以完成的重要基础。这就要求体育教师要高度重视篮球运动课堂教学的控制。

必须引起重视的是,篮球课堂教学文件的制定对篮球教学实践起着积极的导向作用,而在篮球教学的实践过程中,已经制定完成的课程计划常常会和教学的实际情况产生矛盾。例如,篮球考核课某一考试标准可能定得有点高,从而使得很大一部分学生都不能及格;或者在篮球教学过程中出现了场馆器材条件不能使教学需要得到满足的现象;或者由于某些客观原因使得某一个单元的篮球教学课产生多次连续的缺课,造成课程计划无法按时完成或者无法保质保量地完成。这些问题都会在一定程度上阻碍篮球教学活动的开展,因此,这就要求体育教师在篮球教学过程中要及时发现上述问题并及时控制篮球课堂教学中产生的各种矛盾,以便合理安排篮球课堂教学活动,使篮球教学课程顺利开展。

(2)对体育教师的上课管理支持

在教学中,上课是教师开展教学和学生学习知识最为重要的形式,管理者要对体育教师提供相应的支持,以便体育教师顺利完成上课管理。

学校体育教学相关管理部门要像其他文化课程一样给予体育课教学同样的支持和关怀,并提出相关要求。相关部门及领导应积极主动地深入课堂,充分的了解体育教师的教学情况,进一步加强对体育课的检查与督导力度,同时,应积极组织一定的示范课、公开课、研究课等多种课型,并对其进行积极的探讨。对于体育课,要尽可能地提供必要的条件,以使体育教师能够更好地解决教学过程中所遇到的各种问题,从而为体育教师创造出良好的教学环境,并进一步提高教学水平。

具体到篮球运动教学课的管理来讲,对篮球课堂教学的控制一定要职责明确,责任到人,充分发挥教师在篮球教学管理和篮球教学过程控制中的作用,给予教师一定的管理权力和管理弹性。

(三)教学训练管理

1. 个人训练管理

个人训练的主要目的是提高学生对篮球技战术的掌握和熟练程度,进一步改进个人技术动作的缺点和不足,发展各项运动素质和能力。对于集体训练来说,个人训练是其补充和辅助,通过学生进行独立思考和反复实践,以更好地领悟篮球运动技战术的规律和运用技巧,并逐步形成自身的技术风格。此外,需要注意的是,在对个人训练进行安排的过程中,要结合学生的具体实际、教学目的和教学任务等,进行有针对性的安排,以保证获得更为理想的训练效果。

2. 班级训练管理

一般来说,学校的班级体育锻炼实行的形式是以班为单位分成若干小组,这些小组在班干部和锻炼小组长带领下开展具体的体育训练活动,因此这就要求班主任和体育教师要合理指导并管理班级体育训练,从而使班级体育训练取得良好的效果得到有力的保证。

目前,在时间、内容、生理负荷和组织等方面,班级体育锻炼都提出了很多具体要求,这就要求在组织班级篮球运动教学训练时以及选择篮球运动教学内容时,要将其与训练结合起来,以保证学生学习的有效性。

对于学生来说,早操是其训练生活的一个重要环节。其主要作用主要是消除身体疲劳,增进健康,并在生理和心理方面为当日的训练任务做好准备。此外,还能够进一步增强运动器官的发展,对技术动作进行强化和改善。在早操内容选择方面,教师可以考虑将篮球运动的一般体能训练纳入其中,鼓励学生积极学习篮球,具体要根据训练任务、目标、客观条件以及学生的实际情况等进行有针对性的选择和运用。这里需要注意的是,要合理安排适宜的早操运动时间和运动负荷,否则会影响学生学习和篮球教学课中的专项运动训练。

(四)意外事故管理

篮球教学,是以身体练习作为主要内容的,这就造成教学过程中很难避免出现一些运动损伤和运动疾病,甚至一些意外伤害事故。这就要求教师在教学过程中要加强对学生意外伤害事故的管理。

当发生意外事故时,教师要做到正确的判断并实施相应的抢救措施。应根据意外伤害事故的性质做出正确的判断并实施相应的抢救措施,轻伤者可送医务室治疗,重伤者或者生命危险者应立即转送医院抢救,接着及时通报。

三、课后总结

(一)课堂情况总结

对课的任务完成情况进行总结是课后总结最为首要的工作,这主要包含以下内容。

首先,对本次篮球教学课的任务完成情况、教学内容完成情况、课堂组织的合理性、内容安排的合理性、时间分配的可行性等进行总结。

其次,对在本次篮球教学课中教师的执教情况进行总结,并对教师的教态、讲解示范效果、教学方法、教学方法对完成课的任务的得失进行分析。

最后,对本次篮球教学课中学生的学习情况进行总结,内容包括学生是否按教师的要求完成了计划规定的练习内容,掌握知识、技术、技能的有效程度如何,有多少学生能初步学会,或基本学会、基本掌握所学内容。

(二)发现教学问题

1. 教师的自我评价

客观、全面地评价教师在篮球教学课中的具体表现,在进行具体评价过程中要考虑以下两个方面。

(1)是否合理地组织队列、调队。

(2)在讲解和示范动作中是否存在问题,包括示范位置、教学进程、内容顺序、对错误动作纠正等,有哪些没有解决的问题。

2. 对学生的评价

在评价学生的过程中,能够找出篮球教学课中存在的不足和问题,具体包括以下内容。

(1)在课堂上,学生的练习积极性、组织纪律性。

(2)在练习中,学生普遍存在的问题和个别存在的问题。

(3)学生的接受能力以及掌握和理解能力等。

(三)提出改进对策

第一,针对篮球运动教学的内容、形式、手段、练习方法等方面,要广泛地收集和分析意见,从而为接下来的篮球运动教学提供参考依据。

第二,结合课的时间分配、练习强度、课的密度等方面,以及学生课上的表现来进行分析,从而为接下来的篮球运动教学提出改进设想和对策。

第三,结合教师讲解、示范动作、示范位置对学生学习效果的影响,从而为更为充分地发挥教师的主导作用提出改进措施。

第四,对于本次篮球教学课的内容,要分析学生的认识、理解、学习情况,从而为能够更为合理地安排篮球运动教学内容提出良好的建议。

第四章　篮球运动训练理论与方法设计

第一节　篮球运动训练的理论基础

一、篮球运动训练的生理学基础

(一)人体运动的氧运输系统

1.需氧量

需氧量指的是维持人体正常生理活动的氧量,身体健康的人在安静状态下每分钟需氧量是250毫升。

在篮球运动训练中,训练内容、训练时间以及训练强度等都会影响篮球运动员的需氧量,基本规律是需氧量随运动强度的增加而增加。

篮球运动员要想不断提高自己的训练水平和竞技能力,就需要在篮球运动训练中不断增加运动量与运动负荷,而随着运动强度的增加,机体需氧量也会相应增加,此时如果氧气供应不足,就容易出现氧亏现象,从而影响正常训练。

2.最大吸氧量

最大吸氧量指的是在需要大量肌肉群参加的力竭性运动中,当氧运输系统中的心泵功能和肌肉的用氧能力达到本人最大极限时,人体单位时间内摄取的氧量。在最大吸氧量的影响因素中,遗传、年龄、性别及运动训练因素的影响比较明显,因此将其称为显性因素。除此之外,还有一些潜在的隐性因素也对最大吸氧量有影响,如呼吸、肌肉代谢等,这些潜在因素也是限制因素,因为它们对最大吸氧量产生的主要是限制性影响。

最大吸氧量有两种测定方法,即直接测定和间接推算。直接测定具有一定的危险性,间接推算法相对更安全。

(二)能量代谢

在篮球运动训练中,有氧和无氧代谢系统共同发挥作用,但只有训练中最强负荷阶段的时间才能称作有效负荷时间,如篮球运动员在急停、跳跃、疾跑中获得关键分值。单纯从篮球运动的比赛时间来看,机体供能形式主要是有氧代谢供能,但从有效攻防技术的有效负荷时间来看,无氧代谢供能才是主要的供能形式。因此分析篮球运动训练的能量代谢供能特点时,不能只看比赛时间或训练实践,而要从有效负荷时间着手,从本质上进行把握。

篮球运动训练中,能量代谢系统提供 ATP 的百分比与竞技时间有直接的关系,主要规律是无氧供能的强度随竞技时间的缩短而提高。

二、篮球运动训练的心理学基础

(一)心理因素对篮球运动训练的影响

1. 智力对运动训练的影响

在篮球运动训练中,运动员的记忆力是否精确、观察力是否敏锐、想象力是否丰富以及思维能力是否迅速等都会影响篮球运动训练的效果。

2. 情绪对运动训练的影响

篮球运动员在运动训练中是否具有活力、运动能力能否正常或超常发挥,直接受自身情绪的影响。情绪良好、精神饱满的运动员往往能够全身心投入训练,坚持完成训练任务,挑战更好的成绩;而情绪低落、无精打采的运动员在训练中很难将注意力集中到训练任务的完成上,无法发挥自己的正常运动水平,导致训练成绩不理想。运动员个体的情绪还会影响到整个运动队的士气,因此运动员要避免自己的不良情绪给队友造成负面影响。

3. 意志对运动训练的影响

篮球运动训练是培养运动员良好意志品质的重要途径,反过来,运动员坚强的意志品质也会给运动训练带来积极影响。意志坚强的运动员能够对动作技能的运用更加熟练,通过长期的训练而获得良好的竞技能力和运动成绩。

(二)篮球运动训练中心理疲劳与控制

1. 运动心理疲劳的概念与表现

运动心理疲劳是一种综合征,泛指情绪和体力耗竭感、成就感的降低和运动被贬值的综合表现。

运动心理疲劳的症状主要有安静时收缩压增高、肌糖原下降、体重减轻、肌肉长期疲劳、疼痛感明显、消化功能下降、情绪低落、心境紊乱、精神不振等。

2. 运动心理疲劳产生的机制

(1)投入模型

在运动训练过程中,运动员的投入和获得的评价直接决定其是否继续训练,有些评价能够使运动员继续训练,而有些评价则使运动员因心力耗竭而无法继续训练,评价内容包括运动员在训练中的投入、付出的代价、心理满意度以及训练效果等。通过对这些内容的评价,可以预测运动员是否继续参加运动训练。

(2)认知—情感应激模型

认知—情感应激模型是一个典型的心力耗竭模型,运动员在运动训练中的心力耗竭与应激有关,运动员在长期应激中如果无法适应,则会退出运动训练,这种不情愿主要表现在身体、心理及情感等方面。

(3)消极训练应激反应模型

消极训练应激反应模型的基本理论是:运动员对训练应激的消极反应是运动员在运动训练中心力耗竭的主要原因。

篮球运动员参与运动训练主要以提高运动成绩为目的,而要实现这一目标,篮球运动员就必须尽快适应运动训练中的应激,如果无法适应,则容易引起心理疲劳,并影响训练效果。

3. 运动心理疲劳的消除

篮球运动员可通过心理疗法来缓解和消除在运动训练中出现的心理疲劳。心理疗法主要是通过对心理学理论、原则和技术的应用来矫治各种心理、精神、情绪和行为障碍或严重的情绪困扰的特殊治疗手段。这种手段有助于运动员放松精神，减轻运动员的心理压抑程度，使神经系统恢复正常工作，从而促进其他身体器官、系统的恢复，进而消除疲劳。

采用心理疗法消除运动心理疲劳时，要分析心理疲劳产生的原因，在此基础上有针对性地采用具体的治疗方式。常见的心理疲劳调节方式有调整训练、自我评价、设定目标、求助社会以及培养兴趣。

三、篮球运动训练的运动学基础

(一)人体运动系统的基本构成

1.肌肉

肌细胞是肌肉的重要组成要素，同时也是肌肉的基本功能单位，由于肌细胞形状细长，所以也被称为肌纤维。

作为肌肉的重要形式之一，骨骼肌有着非常重要的作用，而且在人体内分布广、数量多，是人体运动系统的主体构成。

2.骨骼

骨骼作为人体运动系统的重要组成部分，发挥着重要的杠杆作用，正因如此，人体运动才能更加灵活。骨骼还能对人体器官加以保护，储备微量元素，同时还能支撑身体，这些都是骨骼的主要作用。

3.关节

关节是骨与骨之间的连接，连接人体骨骼、支撑并保护人体等是关节的主要作用。关节能够在有效稳定骨骼的同时使骨骼保持一定的灵活性，人体所有运动都是通过关节的活动实现的。

(二)篮球运动技能形成的相关理论

1.人体的适应能力及超量恢复理论

篮球运动训练的过程实际上是运动员的机体不断适应外界环境变化的过程，在运动训练过程中，运动员身体各器官系统受到不同的刺激而发生适应性变化，包括肌肉、骨骼、心肺功能等各方面的变化。

运动训练后，运动员在训练中消耗的能量以及运动器官的疲劳会逐渐恢复到运动前水平，甚至比运动前水平更高，这一机能状态反应就是

"超量恢复"。当前,超量恢复原理是现代大运动量训练的重要理论依据和基础。

人体的超量恢复保持的时间不会太长,这就要求通过相应措施来尽可能巩固超量恢复的效果,减缓其消失的速度。一般来说,人体运动疲劳恢复的时间越长,则超量恢复的时间也保持得越久。

2.运动技能形成理论

运动技能的形成过程包括以下几个阶段。

(1)泛化阶段

运动员练习专项动作技能的初期,经过分解示范和自身实践而逐步形成感性认识,产生对动作技术的初步印象,但因为还未深入认识技术动作的内在规律,也没有形成稳定的条件反射机制,所以便产生了泛化现象。

(2)分化阶段

分化阶段是运动技能形成的第二阶段。在这一阶段中,运动员对动作技能及其内在规律会形成初步的理解,并初步掌握运动技能。

(3)巩固阶段

经过反复练习后,人体的运动条件反射机制趋于稳定,动作技术的准确度、优美程度也有所提升,运动员可以较为省力和轻松地完成练习。

(4)动作自动化发展阶段

动作自动化发展是动作技能建立的最后一个阶段。在这个阶段,运动员要时刻注意检查自己的动作质量,及时纠正细微的错误,以免将变形的动作形成习惯。

第二节　影响篮球运动训练的因素

一、影响篮球运动训练科学化的因素分析

(一)科学技术

科技是第一生产力,这句话同样适用于体育领域,在篮球运动训练

中,先进的体育科技所发挥的重要作用是其他因素所不可替代的。在现代篮球运动训练中,先进的训练仪器和设备被频繁运用,各个训练环节中都渗透着科学的管理思想和方法,这大大提高了篮球运动训练的科学化水平和训练效率。

(二)科学教育

科学教育对篮球运动训练的影响力非常重大,篮球教练员的素质在一定程度上更是直接决定了运动训练的效果。此外,在篮球运动训练科学化发展方面,新型科技人才的继承、发展及创新也是非常重要的直接动力。培养优秀的篮球科技人才能够保障篮球运动训练的科学发展。

(三)科学管理

篮球运动训练的科学发展会受到很多因素的阻碍,只有对科学管理因素的规律有正确的把握,充分发挥科学管理的作用,在管理体制与机制方面不断完善、科学创新,积极主动地加强管理,才能有效提高篮球运动训练的科学化水平。

(四)社会环境

社会环境是不断变化的,呈现出明显的与时俱进趋势,这对篮球运动的科学化训练产生了一定的影响。一方面,国家经济层面为运动训练的开展提供了重要的物质保障;另一方面,区域经济发展不平衡也在一定程度上造成了地区运动训练的差异,可见社会环境因素对篮球运动训练的科学化具有十分重要的影响。

(五)保障条件

体育科技的创新、成果的转化及其在运动训练中的推广与应用是保障篮球运动训练长期稳定发展的重要条件。此外,篮球运动训练的科学化发展离不开教练员、运动员、管理人员及科技人才的相互协调配合。

二、影响篮球运动训练成败的因素分析

篮球运动训练的成败一般根据篮球运动训练是否实现了预期训练目标来衡量,而篮球运动训练目标的实现是受很多因素影响的,根据各影响

因素的性质及其与训练目标的关系,可以知道,运动训练的方法、手段是影响运动训练目标实现的最直接的因素,其他影响因素如运动营养、运动医务监督主要是支持与辅助运动训练的方法、手段。

(一)运动训练的方法、手段

篮球运动训练的方法是否科学、先进,直接影响篮球运动训练效果,而训练效果的好坏与训练目标的实现程度有直接的关系,所以说运动训练的方法、手段是影响篮球运动训练目标实现的核心因素。

判断篮球运动训练方法的优劣,不能看其形式,而要看其内容,良好的训练方法一方面体现在适合篮球专项;另一方面体现在训练方法手段的科学组合。客观而言,训练方法的优劣决定了篮球运动水平的高低。篮球运动训练方法非常丰富,但一般都是组合起来使用的,训练方法的组合、战术组合以及训练负荷的组合都会影响篮球训练目标的实现。

(二)运动营养

在确定篮球运动训练方案后,运动营养就直接关系到篮球训练目的的实现。篮球运动员的能量供应、运动恢复等都直接受运动营养的影响,运动营养进而对运动员技能的发挥、运动训练目标的实现产生影响。

科学的运动营养方法应该是符合运动专项的,具有针对性,而且也比较具体。在篮球运动训练中实施运动营养方法,要综合考虑训练时间、训练环境、运动员的身体状况等实际情况,要确保运动员营养均衡、全面。

(三)运动医务监督

篮球运动训练目标的实现离不开运动医务监督与各训练环节的密切配合,否则即使训练过程再科学、合理,如果没有系统的医务监督相配合,训练目标也难以实现,即使实现了某一目标,运动员也可能付出惨重的代价,如发生运动损伤等。科学的运动医务监督能够有效缓解与消除篮球运动员在训练中出现的运动疲劳,使运动性损伤、疾病出现的可能性降低,从而降低篮球运动人才的损失率。

在篮球运动训练中加强医务监督,一般要注意以下几个方面。

第一,对生理与病理的界限有所明确。

第二,从医学上评定运动员身体机能状况。

第三,防治运动性损伤与疾病。

第四,做好运动卫生保健工作。

第五,注意伤病后的恢复训练。

第六,消除运动疲劳。

第七,比赛时提供全面的医疗服务。

第三节 篮球运动训练创新的对策

一、转变训练理念

在现代进行篮球运动训练,要求篮球教练员和运动员及时转变传统的训练思想,更新训练理念,引进先进的训练理念。转变训练理念的一个重要方面就是对篮球运动的体能训练和战术训练给予充分的重视,有机结合体能训练和战术训练,使运动员"文武兼修",各方面素质均衡发展,走出"偏科"的误区。

二、加强对篮球教练员的培训

篮球运动训练的创新与发展需要加强对篮球教练员的系统培训,严格审查篮球教练员的任职资格,不录用没有获得相关资格认证的教练员,建立专业化的教练员队伍,对高素质、高水平的篮球运动员进行培养。此外,要鼓励篮球教练员创新训练方法,改变单一枯燥的训练模式。

三、拓展篮球训练途径

在篮球运动训练中,教练员要合理使用现代化多媒体训练手段,使训练途径更加丰富多元。在篮球技术训练中,教练员可根据训练内容的特点对多媒体课件进行设计,将篮球训练内容以文字、声音、图片、视频等多元化的形式传播出去,通过多媒体手段,能够生动形象地展示篮球运动中一些技巧性的动作,使运动员更好地理解与掌握训练内容。在采用多媒体手段的同时,教练员要配合讲解的方式,使理论传授与练习实践有机结合起来,弥补传统篮球训练的缺陷,以不断提高篮球训练质量。

四、加强篮球假动作训练

假动作在篮球运动中经常出现,这也是篮球运动技巧训练的重要内容之一。在篮球假动作训练中,基础性动作的训练不可忽视。只有先掌握好篮球基础性动作,才能做好假动作。教练员要多引导运动员进行基础性动作练习,如练习原地静止、碎步、跳跃等,同时还要对运动员听令向多个方向快速起动的技能进行培养。此外,运动员还要对侧身跑、折线跑、来回跑等各种姿势的跑动技能多加练习,通过基础性动作练习,提升动作的灵敏性,改善肢体的协调性。在基础性动作练习到一定程度后,再练习篮球假动作,练习方式包括:

第一,徒手假动作连续穿过障碍物。

第二,徒手一攻一守练习。

第三,无防守练习等。

篮球假动作训练的方式有很多,综合各种方式进行训练,能够使运动员的脚步更轻盈,跳投能力、攻击能力和防守能力进一步增强,从而在整体上提升运动员的篮球专业素养。

五、加强篮球技战术创新

创新是现代篮球科学化发展的重要路径。在篮球运动训练的创新中,技术与战术的创新非常关键。

篮球运动员进行技术创新,首先要全面掌握篮球技术,然后在此基础上进行创新,如在被封盖时使用不同的动作完成传球或投篮,在对方严密防守的情况下合理使用技术动作实现突破等。

战术的创新主要体现在战术的配合上,教练员要依据篮球队的实际情况设计战术配合方案,形成独特的风格,提高战术水平,在比赛中充分发挥优势。

篮球技术与战术的创新是密切相连的,只有二者协调发展,才能稳步推进篮球运动的科学发展。

六、加强篮球比赛训练

篮球比赛能够将运动员的斗志激发出来,提升运动员的训练热情,这也有助于培养运动员的篮球训练意识。因此在篮球运动训练中适时进行篮球比赛训练非常重要。可以模仿职业比赛的形式来展开篮球比赛训练,教练员要给每个运动员提供参加比赛的机会,为运动员的发展创造良好的条件,促进运动员篮球综合素养和能力的提升。

第四节　篮球运动训练方法与创新

一、常见的篮球运动训练方法

(一)重复训练法

重复训练法指的是在篮球运动训练过程中,采用同一运动负荷和相同的间歇时间多次练习某种动作,以达到增加运动负荷和巩固技能目的的训练方法。在篮球运动中,连续投篮、传球等技术可采用这一方法进行训练。重复多少次数,要以运动员所能承受的运动负荷量和完成动作所需的练习量而定,重复次数不同,作用不同,巩固技能的效果也不同。

(二)循环训练法

循环训练法是综合了重复法、间歇法等一系列练习方法的综合方法,它是把多项活动内容设计成若干个站,让运动员一站一站进行练习,通过连续完成多种不同项目的循环,按照运动员自身的负荷指标,逐步提高负荷量,达到增强专项技能的目的。[①]

(三)变换训练法

变换训练法指的是在篮球运动训练过程中,有目的地变换练习负荷、动作组合、练习环境与条件等,在此基础上进行训练的方法。不同的训练环境条件、速度组合形式等对机体的影响是不同的。

(四)比赛训练法

比赛训练法指的是以比赛作为训练形式,通过比赛来调动队员积极性、提高运动员篮球技战术能力的方法,比赛训练法能够有效激发运动员的斗志,促进运动员积极向上、克服困难,取得优异的成绩。

(五)心理训练法

心理训练法指的是在篮球运动训练中,运用心理学手段促进运动员心理素质和运动成绩不断提高的方法。心理训练与传统的身体训练、技术训练、战术训练和人格培养相结合,构成了现代运动训练的完整体系。心理训练方法主要包括运动表象训练法、想象训练法、放松训练法等多种类型。

二、篮球运动训练的新方法

(一)八字训练法

八字训练法的八字是循环、持续、间歇、组合,八字训练法其实就是循环训练、持续训练、间歇训练和组合训练的结合。将这些常规训练方法综合起来运用到实践中,可充分发挥各种训练方法的作用,取得良好的训练效果。

(二)意识训练法

将心理意识训练及战术意识训练结合起来的训练方法就是意识训练法。在篮球训练中,教练员应引导运动员对以前所学的篮球知识进行回忆、联想,使运动员将理论、实践有机结合起来,对那些技术动作的含义能

[①] 王勇,王莉敏.篮球训练理论与方法研析[M].长春:吉林大学出版社,2012:282.

够真正理解,做到融会贯通、举一反三。心理意识训练对于运动员自身的练习和教练员的执教都有重要的意义,可达到双赢的效果。意识训练法还能够对运动员的竞争意识和合作意识进行培养,使运动员在训练中始终保持积极向上的精神状态,实现身心与技能的和谐发展。

(三)领会训练法

领会训练法重点对运动员的篮球认知能力进行培养,使运动员对篮球运动的特征有深刻的了解,促进其技战术意识的提升。只有先提高了运动员的篮球认知能力及练习兴趣,才能使运动员自觉自愿地进行技战术练习。所以在篮球运动训练过程中,教练员一定要将领会训练法落实好。

首先,带领运动员对篮球运动的特征加以学习,让运动员对篮球的特征有较为全面的了解,从而使其在技战术练习中能够融会贯通,提高训练效率。

其次,重视培养运动员的战术意识,在整个训练过程中都要贯穿战术意识。

最后,加强实战训练,使运动员的技术能力与战术配合能力在实战中不断提升。

(四)游戏训练法

游戏训练法趣味性高、实用性强,能够打破传统篮球训练的束缚,将运动员对于篮球训练课的兴趣和练习热情充分激发出来。篮球教练员在实施游戏训练法前,一定要将准备工作做好,设计丰富的游戏方式,并向运动员准确讲解游戏方法与规则,在游戏过程中,教练员要加强引导,以免发生意外情况。一般来说,教练员设计或引用的游戏方法应具有较强的对抗性、竞争性和趣味性。

三、篮球训练方法创新的途径

(一)破旧立新

创新篮球运动训练方法,最基本的就是要将传统陈旧的训练思想观念和训练模式摒弃,更新观念,在新观念的指引下进行创新,如此才能事半功倍。例如,教练员应转变自身的思想观念,对篮球运动训练的重要性有一个全新的认识,并积极思考自己原有的训练思路、手段等,通过思考,教练员能充分认识到传统的训练方法已与当前的形势不符,必须创造新的训练方法才能使运动员的运动水平得到提高。树立新的观念后,教练员自然会摒弃陈旧的方法及思想,以全新的思路来思考和解决问题,加大对篮球训练方法的创新力度。

(二)逆向思维

篮球教练员在选用篮球训练方法的过程中很可能会受到传统经验的影响,教练员也因此困在一个牢固的框架中,思维固定,毫无创新的想法和思路。对此,教练员首先要转变自己的思维方式,摒弃传统思维,形成逆向思维,树立先进的训练观念,从运动员的实际情况出发对具有创新性、实效性的多元训练方法进行设计。树立逆向思维对篮球教练员而言非常必要,教练员只有从反方向思考问题,才能获得思想上的解脱,才会有创新训练方法的想法和灵感。

(三)克弱转强

在篮球运动训练中,教练员应及时发现运动员的不足和弱点,然后有针对性地提出能够克服运动员缺陷与弱点的有效训练方法,使运动员将弱点转化为强项,促进其运动水平的提高和各方面素质的均衡发展。所以,在篮球运动训练中,教练员应该深入分析所选用的训练方法,根据运动员的弱点来判断该方法能否使运动员克服弱点,转化为强项,若判断所采用的训练方法无法帮助运动员克服弱点,则应及时调整与更新训练方法,选用能够弥补运动员不足的训练方法,以培养更多优秀的篮球运动员。

(四)移花接木

近年来,随着我国科技与经济的不断发展,国家越来越重视教育,也逐渐提高了知识的综合应用程度。很多学科知识表面来看没有什么联系,但在实际教学中可以组合起来一起教,这反映出知识具有较强的渗透力,而且也有非常明显的聚变效应。在此基础上,篮球教练员可以在训练方法创新中充分运用其他学科的原理及方法,这种移花接木的方式能够有效衔接各学科的知识,进而将更先进、多元、完善的训练方法创造出来。例如,篮球教练员可以在训练中融入信息论、系统论等内容,使训练方法与运动员的实际情况更贴近,在提高训练效果的同时促进体育科学的进一步发展。

第五节 篮球运动训练模式与创新

一、篮球运动训练过程的一般模式

(一)运动员选材

在篮球运动训练的整个过程中,第一个程序是运动员选材。运动员取得优异的比赛成绩与其先天的天赋和后天的努力分不开,所以,要保证运动训练的成功,关键在于选拔出优秀的苗子,经过科学培养,实现训练目标。在这种情况下,"选优"则不是选材的唯一指导思想,因为我们不可能无限扩大选拔范围来选材,正是因为选材范围有限,才从根本上导致"矮子中挑大个儿"的现象,而"大个儿"是否就一定是优秀的苗子,这也没有科学定论,显然从指导思想上来看,这种选材是不科学的,因为第一个环节就出现了问题,所以无论后面训练工作做得多好,也很难取得更好的结果。

(二)训练目标

在篮球运动训练中,训练目标是在选材前确定,还是选材后确定,体现了两种不同的运动训练观。传统的运动训练观是先选材,然后确定训练目标,根据训练目标安排训练,这是小生产观念指导下的盲目训练,在过去一段时间内,或者说在竞技体育发展水平较低的时期内,这样的训练模式比较有效,但这种"惯性认识"也使人们观念的更新受到了严重的影响。

我国篮球运动训练的主要目标是培养优秀的运动员,争取在比赛中取得优异的成绩,这个目标是明确的、统一的。篮球训练目标是篮球训练过程的发端和动力来源,因为训练目标的制定过程属于决策管理层次的问题,因此竞技运动过程不包括这个程序。但不可否认,篮球运动训练过程的出发点和最终归属都是实现预期的训练目标。

(三)诊断运动员现状

诊断运动员现状就是指对运动员的现实状况进行测定,对其当前存在的问题及产生的原因进行分析。在选材环节被选中的后备人才,一般被认为经过培养和针对性的改造有可能实现训练目标,所以说刚开始这些运动员与预期目标之间还是有距离的,还需要经过系统培养与训练,但在训练中重点培养和改造什么,他们离预期目标到底有多大的差距,有哪些根本上的原因造成了差距的存在,这些问题都是不清楚的,所以很多改造都是徒劳。因此,诊断运动员的现状非常有必要。

(四)制订训练对策

经过诊断运动员的现状,对运动员与训练目标之间的差距有所明确后,就要开始制订训练的原则、方法及策略了,目的是缩短直至消除这些差距,以实现训练目标。

(五)制订训练计划

在篮球训练过程中,核心任务是实现训练目标,而消除运动员现实情况与预期目标之间的差距是完成这一核心任务的首要工作,这项工作艰苦而复杂,而且不是经过几次训练就能消除这些差距的,因此将训练对策制订出来后,还应制订详细的计划来安排实施对策的具体步骤,这就决定了在制订训练对策后必须开展的另一个子程序,即制订训练计划。

篮球运动训练计划是实施训练的行动方案和向导,是促进训练目标实现的行动蓝图,训练计划是否科学有效,对训练实施的成功与否有直接的影响。

第四章 篮球运动训练理论与方法设计

(六)实施训练计划

以上几个程序是集中的思辨过程,结束这些程序的工作后,就进入了下一个程序,即实施篮球运动训练计划,这是篮球训练的实施阶段,属于实际操作层次,直观可见。

(七)监察与控制

一旦开始实施篮球运动训练计划,篮球训练就会越来越直观,就会不断出现显性的训练结果。训练结果是否达到了训练计划的预期,训练子目标和总目标是否在一定程度上已经实现,要清楚这些问题,需要严格监察篮球运动训练过程。

监察指的是对比训练结果与计划任务,因为很少情况下实际训练结果会与计划任务完全一致,大部分情况下都会出现偏差,因此监察训练过程十分必要,通过监察及时发现偏差,消灭偏差,所以还要控制运动训练过程。控制指的是对产生"偏差"的原因进行分析,然后设计纠正偏差的有效方法与手段。

监察与控制具有重要的作用,它们是篮球运动训练过程中必不可少的程序。需要注意的是,在篮球运动训练的整个过程中都应该加强对各个子程序的监控,因为每个环节都有可能产生偏差。

(八)训练结果

运动训练的目的是取得良好的训练结果,在一定意义上,训练目标是训练过程的输入,训练结果是训练过程的输出,训练结果可能比训练目标大,也可能小,也有可能相等,训练水平的高低可通过训练结果与训练目标的贴近程度来衡量。

二、篮球运动训练理想训练模式的创新构建

理想的篮球运动训练模式包括以下几个部分。

(一)观念训练

人对事物的态度与看法是由观念所决定的,人的行为又是由人对事

物的看法和态度决定的,什么样的态度就会产生什么样的行为结果。人类的成就必然伴随良好的心理状态,如自信、平衡、发展等,而人类的观念系统又会对良好的心理状态产生直接的影响。所以,在篮球运动训练中,要通过观念训练来对运动员进行培养,促进其优秀观念系统的形成,这在篮球运动的理想训练模式中是非常重要的环节之一。

具体训练内容如下。

1. 潜能无限观念

这一观念训练能够尽可能减少运动员自我观念对其成绩进步的限制。

2. 事在人为观念

这一观念训练能够引导运动员不去过分计较失败带来的负面影响,而将精力放在接下来的训练上,以积极正面的心理状态去努力改进训练方法。

3. 发展无限观念

这一观念训练能够使运动员始终保持乐观进取的良好心态,从而构建科学的人生成长模式,获得可持续发展。

4. 有果必有因观念

这一观念训练有助于使运动员好奇而又平静地对待世界的现实,勇于接受现实。

(二)体能训练

篮球运动员的体能训练要考虑季节影响,要根据赛程来安排,几乎每天都会涉及体能训练,具体依据运动员的身心状态与运动感觉而定,要统筹安排每日运动量和训练时间,以达到增强体能、提高技术水平的效果。

(三)技术训练

专项运动所需的最优技术具有一定的共性,但并非完全相同,体形或其他未知因素的差异都是客观存在的,对于共性部分,主要训练路径有观摩最优模范资料、借助现代技术分析资料等,对于篮球独特技术,可以通过最优运动感觉训练来培养和提高。

(四)自我保养技能训练

优秀的篮球运动员必须具备自我保养技能,具体内容包括:

第一,身心放松技能。

第二,运动营养补充技能。

第三,运动康复技能。

(五)综合素质训练

篮球运动员的发展应该是全面、均衡的,这是现代社会发展的要求,所以在篮球运动训练中要重视综合素质训练。一般要结合必修基础教育和选修专项教育来培养运动员的综合素质,训练内容除篮球相关技能外,还包括以下内容。

1. 生命常识

包括生理常识、心理常识。

2. 生存常识

包括日常生活技能常识、特殊状态生存常识。

3. 自然常识

包括传统文化和现代科学对自然科学的研究成果。

4. 社会常识

包括传统社会常识和现代社会常识。

第五章　现代篮球技术教学与训练

　　篮球技术是篮球比赛的基本手段,也是运动员比赛行为的核心。在比赛中,队员的智慧、技能、应变能力、作风和创造力都是通过篮球技术在对抗中集中表现出来的,它是运动员竞技水平最显著的标志。篮球技术又是篮球战术的基础,在比赛中,运动员技术的运用和表现,实质上都是通过各种战术形式和方法得以实现的。在比赛中,战术是形式,技术是内容,任何战术意图和战术方法的实现,都需要相应而熟练准确的技术动作和应变能力做保证。①

　　篮球技术教学与训练是篮球专修课程实现教学目标的重要途径。在篮球技术教学与训练中,要正确运用篮球教学训练的基本理论、教学规律和科学的教学手段和方法,循序渐进,从难、从严、从实战出发,结合学生的实际,重视对学生的思想作风、篮球意识、理论知识和分析问题能力的培养,这对于提高篮球教学水平,完成教学任务,提高教学质量,培养高素质的合格体育专业人才都具有重要的现实意义。

第一节　移动技术教学与训练

一、移动技术的教学

(一)起动

起动是队员在场上为了获得球或者占据有利合法的防守位置以及进

---

①　蔡开疆,郭新斌,宋志强.体育运动与教学指导[M].天津:天津科学技术出版社,2019:155.

攻位置而快速改变静止姿势的一种方法,突然快速的起动与各种快速跑相结合,可以更加高效地达到预期目的。

起动是在基本姿势的基础上,根据即将移动的方向而选择上体快速地前倾、侧倾、后转,从而使身体重心发生变化。同时还要根据重心移动的方向选择用前脚或者后脚用脚内侧或者脚外侧用力蹬地发力,使身体重心快速地有目的地转动。

动作要领:要快速判断移动方向而选择上体的倾斜方向,重心的移动方向要同身体的倾斜方向一致,脚步的快速蹬地要同双臂的积极摆动相一致。

易犯错误:重心移动慢,脚的蹬地跟臂的摆动不协调。

纠正方法:多进行上下肢的配合练习。

(二)跑

跑是运动员在场上快速移动使身体产生位移的脚步移动方法,据统计一名打满全场的篮球队员跑动距离在2800米至3000米之间,由于攻防转换及战术配合等需要,比赛的跑动要经常变换姿势,大致可分为放松跑、变速跑、后退跑、变向跑、侧身跑等。

1. 放松跑

比赛过程中队员只要不快速补位防守,不快速冲抢篮板球,不快速进行攻防的转换,不快速接应快攻,大部分时间的跑动是放松跑,放松跑的特点是节奏较慢,队员容易观察场上的整体情况,跑动时脚跟或全脚掌着地柔和,膝关节稍弯曲重心略前倾,双臂摆动自然。

2. 变速跑

场上队员根据攻守转换的需要,进攻防守的节奏,移动方向的变化而采用的快慢不断转换跑的方式。要求加速跑时脚的蹬地要快,双臂摆动迅速有力,重心稍下降,步幅要小一些。快跑变慢跑时步幅加大,重心高一些,前脚掌及时抵住地面进行制动。

3. 后退跑

后退跑在联防防守时用得较多,在由攻转守时为了更清楚更全面地观察场上情况或者由守转攻时从后场向前场推进,而采用的背对移动方向的跑动方式。

4. 变向跑

比赛中防守队员为了占据更合理有利的防守位置或者进攻队员为了快速摆脱防守而突然变向的一种跑动方式,变向时身体前倾,重心略降并向即将移动方向转动向前探出,同侧脚快速向前迈出一小步,后面脚快速有力蹬地从而摆脱对手。这个动作的重点同侧脚迈出第一步要快。

5. 侧身跑

比赛中队员为了更好地观察场上情况,把控攻防的节奏经常采用侧身跑,侧身跑时,脚尖要朝着移动的方向,头部跟躯干要自然地向球的方向转动同时侧肩,既能够全面观察场上情况又要保持跑的速度,更要保持身体的平衡。

动作的重点:头部和上体要保持向球的方向扭转,脚尖朝着跑的方向,身体重心要适度内侧。易犯错误,脚尖的方向没能跟移动方向一致。

(三)跳

跳是队员在场上为了获得高度和远度的主动权采用的脚步移动的方法,篮球比赛队员多数时间处于复杂变化的环境当中,如篮板球的争夺,对球的抢断等都是需要快速合理而有效的跳动获得,根据情况不同跳可以分为单脚跳和双脚跳。

1. 单脚跳

单脚跳一般情况下是在用来改变身体的运行方向,抢断球,冲抢篮板球,接球,低手上篮时采用的方法,因此单脚起跳多是行进中进行。因为是在行进间起跳,它的难度比较大,要求起跳前的一步要小一些,脚抬得低一点,用全脚掌着地且着地时要快,快速屈膝降重心,脚快速有力地蹬离地面,腰腹肌收紧,双臂或者单臂协调上摆,落地时要屈膝缓冲让身体保持好的平衡。

动作要领:快速移动中屈膝制动要快,蹬地摆臂要协调,把身体快速运动中所产生的动能高效地转换成势能。

2. 双脚跳

双脚跳一般是在基本上不改变身体的方向和产生位移的情况下的跳动。跳球,篮下争抢篮板球,利用自己好的防守位置抢断来自各方面的传球等,起跳前要让自己的身体处于正确的姿势,即屈膝降重心,双臂自然张开,腰腹肌收紧。起跳时双脚要快速有力地蹬地,双臂积极快速用力向上摆动,腰腹肌收紧用力,头部向上顶起,使整个身体最大限度地向上腾起,双臂上展或者侧展,把自己的身体置于一个非常有利的位置,落地时脚前掌先着地,屈膝降重心达到缓冲的目的,同时要让自己的身体保持平衡。

动作要领:起跳前屈膝降重心,腰腹肌收紧,双臂小臂自然弯曲,肩放松,起跳时蹬地摆臂协调配合。

(四)急停

急停是场上队员在运动中突然制动停止变为静止姿势的一种脚步方法,它能有效地摆脱防守,同时还可以充分利用和衔接各种脚步移动,使自己的身体移动发生各种有利于自己的变化,让自己处于更加有利的位置,更好地完成任务。根据需要并结合篮球运动的特点急停可分为两种,跳步急停和跨步急停。

1. 跳步急停

队员在近距离的跑动中,用单脚或者双脚起跳,起跳时重心略下降,脚离地不要太高,双脚平行或者前后并同时落地,双臂微屈置于体侧。落地时脚后跟先着地,两膝弯曲重心保持适度下降姿势,身体保持平衡。

动作要领:身体重心下降并很好控制。

容易犯的错误:急停前重心没有后移,重心下降不合理。

2. 跨步急停

队员在快速跑动中,一脚先向前跨出一步,用脚跟先着地迅速过渡到全脚掌,并且用力抵住地面形成制动,然后屈膝降低重心,身体后仰。第二步着地时,身体向第一步跨出的一侧侧转,脚尖转向同侧方向,脚尖内侧着地,用力抵住地面,两膝深度弯曲,重心落在两脚之间,两臂屈肘自然张开,身体保持平衡,在进行策应的跨步急停,速度相对较慢,第一步着地后,可根据情况第二步横跨一步,两脚平行开立,屈膝降重心并保持身体平衡。

动作要领:第一步跨出脚着地后身体后仰,重心降低。第二步着地时前脚掌着地制动,身体侧转。

(五)转身

转身是队员以一只脚做中枢脚,另一脚有目的地向前或者向后跨出,改变身体的状态,以达到进攻或者防守的目的,转身是比赛中应用广泛的一种技术,可以跟其他相关技术联合应用,如它可以跟跨步、急停、持球突破、反跑等技术组合运用,以达到进攻或防守的最佳效果。转身根据方向的不同可简单分为前转身和后转身。

1. 前转身

以一脚为中枢脚并以此为轴,另一只脚向前面跨出,以右脚为中枢脚为例,身体略降重心,双膝微屈,身体重心落在右脚上,右脚掌前内侧用力向前蹬地,左脚前脚掌蹬地,推动身体向右前方移动,并且要以腰带肩向前转动。

动作要领:重心移动要快,转体跨步协调。

2. 后转身

以一脚为中枢脚并以此为轴,另一脚向后跨出,以右脚为中枢脚为例,身体重心落在左脚上,身体重心略降,双膝微屈,左脚前脚掌脚内侧用力向右后方蹬地,右脚前脚掌向身体右后方用力,右髋带动腰部和右肩向右后方转动,右脚蹬离地面后迅速跨步落到左脚后面。

动作要领:髋部带动腰部和肩部转动,蹬跨结合,协调用力。

(六)跨步

跨步是运动员在比赛中摆脱防守时的一个起始动作,既适用于进攻亦适用于防守、进攻时的持球突破、接球、各种起跳等。也可以作为假动作或者是假动作,作为跟其他动作的链接或者是迷惑对手,跨步根据方向的不同可分为同侧跨步和异侧跨步两种。

1. 同侧跨步

以右脚作为中枢脚为例,双膝弯曲,身体重心下降,右脚用力蹬地,左脚向左侧或者左前方及左后方跨出,向右侧跨步时动作相反。上体要随着位置的变化保持前倾。

2. 异侧跨步

异侧跨步又叫作交叉步,以左脚作为中枢脚为例,跨步时,屈膝并重心下降,两臂自然微张置于身体两侧,右脚用力蹬地,右髋积极发力带动右腿与左髋呈交叉状态经体前向左前方跨出,亦可以向左后方或者左前方跨出,右脚先落地,落地后两脚尖稍内扣上体稍前倾,快速地屈膝并降低重心。

(七)滑步

滑步是篮球队员在比赛中运用的最基本最常用的脚步动作,教师必须重视滑步技术的训练。

滑步动作的基本要领:双臂自然张开,屈膝降重心,两脚的前脚掌内侧着地,上体保持正直或者稍微前倾,要收腹,两眼注视前方。两脚蹬离地面时尽可能抬得低一些。根据滑步方向的不同可分为侧滑步、前滑步、后滑步。

1. 侧滑步

侧滑步是向左右两侧滑步,基本姿势是:两脚平行站立,两臂自然张开,屈膝降重心收腹立腰,向左侧滑步时,左髋先发力带动左腿向左侧跨出,同时右脚用力蹬地推动身体向左侧移动,重心不能起伏,双臂可以随着滑步自然摆动,身体重心落在两脚之间,向右侧滑步时,身体姿势,用力相同只是方向相反。

2. 前滑步

前滑步时预备动作跟侧滑步相同,以向左前方滑步为例,滑步时左脚先向左前方跨一小步,身体姿势不动,左脚着地后,以左髋为发力点带动左腿向前上方跨出,同时用脚内侧用力蹬地推动身体重心向左前方移动,保持身体重心平稳不上下起伏,双臂可自然摆动。

3.后滑步

后滑步的用力以及预备姿势同前滑步,但是用力方向却是相反的。

(八)攻击步

攻击步亦可以称为前冲步,是防守时常用的一种脚步,它是防守队员突然前出且攻击性很强的防守步伐。多用于前冲抢断球,打掉对方传球,也可以给对手接球、投篮移动等制造困难,攻击步的用力是由后脚脚后跟用力蹬地开始,推动身体重心快速向前方移动,同时大腿发力带动小腿向前方跨出。

这个动作的要点是动作快,突然性强,动作幅度相对小。

(九)后撤步

后撤步是后脚变前脚,前脚变后脚的一种脚步移动方法。在对持球突破的进攻队员的防守时用得比较多,它可以跟后滑步结合运用。

后撤步的动作要领:做后撤步时屈膝降重心,双臂张开,用前脚掌的脚内侧用力蹬地,同时同侧髋带动腰部一起向后转动,后脚前脚掌内侧用力碾地并转动推动身体重心向后移动。整个过程要保持重心的平稳,动作完成后要保持正确的防守姿势和有利的防守位置。

(十)绕步

绕步分为前绕步和后绕步。

1.前绕步

是对内线队员防守时常用的防守步伐,也可以称作绕前防守步伐。以左绕前防守为例,左脚向左前方跨半步,右脚迅速蹬地身体紧靠进攻者的身体左侧,同时向自己身体的右前方跨出,绕至进攻者前面后略屈膝重心微降,双臂展开,右臂向上左臂向下,身体紧靠进攻者。如果是右绕前防守,动作做法跟用力方式等都相同,只是方向相反。

2.后绕步

后绕步防守也可以称作绕后防守,它是绕前防守恢复到绕后防守的脚步步伐,以防守队员从右侧绕后为例,左脚蹬地右脚向侧后方迈出一小步,身体重心移至右脚,身体以髋带腰向内侧转动,左脚向后撤步,调整防守位置和身体姿势,使自己始终处于最佳防守位置和姿势。

二、移动技术的训练

(一)"保持动"的训练

目的:发展快速反应的专门练习。

方法:运动员用前脚掌做高频原地跑。

要求:脚离地面越近越好。教练员可俯在地板上观察,要求运动员的脚每次拍击地板时,从脚掌和地板之间透过的光线要尽可能地少。本练习持续时间15秒,记运动员拍击地板次数。

(二)跑"轮胎"训练

目的:练习脚步动作的灵活性,反应判断能力。

方法:在篮球场上摆放六组"废旧轮胎",队员从端线开始按要求跑过去。

要求:按摆放的图形每只轮胎必须把脚放进。跑熟后尽量加快速度。根据需要可变换轮胎的摆放图形。如条件有限可用地上画圈代替,但效果较轮胎差。

(三)各种基本步法训练

目的:掌握跑的基础技术动作。

方法:小步跑、高抬大腿跑、后踢腿跑、跨步跑、直线跑。距离20～40米。

要求:上体正直,跑的动作正确,上下肢配合协调。

(四)加速跑训练

目的:掌握加速跑技术动作;训练中枢神经兴奋与抑制转换速度——神经过程的灵活性。

方法:30～50米加速跑。

要求:步频逐渐加快,上体逐渐前倾,全身动作配合协调。

(五)变速跑、全速跑训练

目的:改善中枢神经系统的灵活性。

方法:30米、60米、100米变速跑,全速跑,折返跑。

要求:变速突然,全身协调配合。

(六)追逐跑训练

目的:提高反应速度和步频速度。

方法:两人一组相距4~5米站立,听信号后(也可用视觉信号),两人中速跑,距离不变,听到第二次信号后,后者追前者。

要求:听到第二信号突然加快步频,前两三步小而快,上体前倾。

目的:结合专项技术提高起动速度。

方法:原地做各种步法练习或两三步向不同方向的滑步,当教练员在球场中线向上抛球后,运动员快速起动不准球落地将球接住,接球后快速运球上篮。

要求:随时控制身体重心,起动初,前几步的步幅小而快,上体迅速前倾。

(七)追球跑训练

目的:增加新的刺激,提高运动员训练的积极性。

方法:教练员持球与运动员都站于端线外,教练员将球贴近地面向前抛(抛球力量因人而异),运动员快速起动去追球,运球上篮。

要求:教练员抛球飞行速度要稍快于运动员跑的速度。球滚出端线前运动员必须手拿到球,然后运球上篮。

(八)起动—急停退—起动—急停退训练

目的:练习快速起动,起动后的急停再起动的机动性。

方法:运动员站在端线球篮的一侧。屈膝降低重心,两脚前后开立稍宽于肩。听到哨音或教师的口令后,立即起动,向前跑3~4步自行跨步急停,急停脚步前后开立,左脚在前左手触地然后马上退后两步,右脚在后右手触地。再起动。前跑3~4步再急停,再后退同前。在半场内做三次,全场做六次。

要求:低重心,急停时手必触地,马上退再起动,动作连贯无脱节。

(九)侧向8字跑训练

目的:训练脚步,髋关节的灵活性与协调性。

方法:运动员侧对前进方向,可单兵教练,也可两人一组进行。听到口令后马上开始练习。例如,右肩对着前进方向,开始左脚前交叉跨过右脚后,右脚顺撤一步,又变成右脚对着前进方向,左脚再在右脚的后侧跨过做后交叉右脚又顺撤一步。这样左脚在右脚的前面后面不断地交叉前进。返回相反,右脚在左脚前后不断交叉通过向左侧做8字跑。这种侧向8字跑有两种:一种小步高频进行;一种大步高抬大腿进行。

要求:做交叉步的脚前后一样大小。难在后交叉,但动作关键是转动髋关节。大8字侧向跑练髋关节的柔韧和灵活性。

(十)折线滑三步变向训练

目的:训练队员低重心滑步能力。

方法:队员面向教练员深屈膝,深度达手指尖能触地板,两脚开立宽于肩,背对前进方向。开始练习时向右后方斜方向滑三步右手摸地,马上变向,左脚后撤一步向左快滑三步手触地,转向右脚撤一步,向右滑三步手触地,如此反复进行。可在半场进行,也可全场进行。

要求:大步低重心,滑动时手始终能触着地面的姿势,不要三步手触地时再降重心。变向撤步要快。此练习强度大,注意间歇。

三、篮球移动技术教学和训练的建议

篮球移动技术的教学,应安排在开始阶段集中地进行,为学习其他技术打下基础。篮球移动技术教学顺序可按起动、跑、急停、转身、滑步等技术分别组合进行,在这些动作教学的同时,还要结合其他移动动作的学习,最后进行综合练习。

篮球移动技术的练习比较枯燥、单一,体力消耗较大。所以,练习中要教育学生正确认识脚步的重要性,以及采用多样化的练习方法或竞赛性的练习,提高学生练习的兴趣和积极性。

篮球移动技术教学与训练中,应把提高脚步动作的突然性、快速性、灵活性作为重点,在各种移动练习中,应强调重心的稳定和转移。

在篮球移动技术教学中,应先在慢速中练习,帮助学生掌握正确的动作,建立正确的概念和动力定型。然后逐渐加快速度和加大难度。同时,应重视视觉的训练。可采用多种练习手段和方法,以提高学生观察判断能力和反应能力。

篮球移动技术的教学与训练,应与提高专项身体素质紧密结合,还应与其他攻防技术、基础配合结合起来进行。

第二节 传接球技术教学与训练

一、传接球技术的教学

(一)传球的技术教学

1. 传球的技术分析

篮球比赛中传球技术是运用最多的一项技术,一次成功的传球有着许多因素,是传球的手法、路线、力量、速度、出手时间、球的落点等综合因素的体现,要求传球时的动作既要隐蔽、又要快、落点还要准确。传球的动作可概括为出球手法、球的飞行路线和落点三个环节,传球的手法是一次成功传球的关键。及时、到位、准确的传球能给同伴创造很好的机会,给对手造成非常大的威胁。

2. 传球的手法

分为单手持球和双手持球两大类。可以分为原地、行进间、跳起等传球形式。无论哪种形式的传球都要使身体的力量集中并且要协调用力。通过手腕和手指的力量来完成传球的动作。在中、近距离的传球中,主要的力量来自前臂的摆动,手腕的抖动、手指快速地弹拨等,这些部位的发力要快且短促有力。传球时,在球即将离开手的刹那间手指和手腕作用于球的正后方的力量越大,爆发力越大、出手越快,球的速度就越快越平。若手指手腕的力量集中作用在球的后下方,球出手的时候手指手腕就上扬,传出的球就会向前上方呈弧线运行。如果手指手腕的力量作用于球的后上方,球就会向下运行,称之为击地传球。

3. 球的运行路线

球的运行路线有三种,即平行路线、弧线和折线亦称之为反弹。在比赛中传球队员要根据同伴的位置、重心的高低、距离的远近、防守者的位置和姿势,运用不同的传球方式将球及时到位地传给同伴。

4. 传球的落点

传球的落点要根据同伴的身高、传球姿势、进攻意图,移动方向,防守者的身高位置等而决定采用平行路线、弧线和击地反弹的传球方式。传球时落点具有一定的要求。传球给静止状态下的队员时,球的落点是要远离防守者的一侧。传球给移动中的同伴时,球要有体前量,即传出的球的落点要与同伴的移动方向一致,切在同伴体前 1.5~2 米的位置。

(二)传球技术动作做法

1. 原地胸前双手传球

动作做法:静止姿势持球,五指自然分开,大拇指相对称八字形,指根以上部位持球的侧后方,掌心空出球不能触及掌心。球置于胸腹之间,双膝微屈,重心略下降,两眼平视目视前方,注意力集中,传球时两脚用力蹬地,手腕急速外旋,拇指向下,食指中指用力弹拨,小臂用力快速前伸,将球传出。球出手后,两拇指向下,掌心向下,其余四指向前。如果传球距离较近,蹬地用力就小一些,小臂前伸的幅度就小一些。如果传球距离较远,蹬地用力就要增大,同时小臂前伸的幅度就大。

动作要点:传球时拇指、食指快速地弹拨、下压,手腕的外翻。

易犯错误:两肘外展,掌心触球,双臂外伸。

纠正方法:按照正确的动作要领,分解做练习,经常反复。

2. 跑动中双手胸前传球

动作做法:跑动中双手传球和接球是一个连贯的动作,是先接球后再传球,要求接球后持球姿势要正确,手、臂和下肢的配合要协调。若是左脚落地接球,右脚上步传球;右脚落地接球,左脚上步传球。传球时要注意双手接球后保持正确的持球姿势,然后快速地收双臂并且后引,接着马上快速地前伸前臂,拇指下压,手腕快速外翻协调将球传出。

动作要点:接球时持球手形要正确,传球时要充分利用蹬地的力量。

易犯错误:接球时上肢和下肢配合不默契,造成走步违例等。

纠正方法:先由原地练习,再在走动中练习,动作定型熟练后再进行跑动中的练习。

3. 行进间跳起双手胸前传球

动作做法:行进间跳起双手胸前传球时,如果是左脚起跳,右腿就屈膝高抬,双手接球后保持正确的持球姿势,且将球放在身体的右侧,同时肩和腰向右侧转,身体跳起达到最高点时,髋部转动带动腰腹用力并使右肩向前转动,同时利用双臂前伸、抖腕和手指的协调用力把球传出。

动作要点:接球后跳起,腰腹肌用力收紧。

易犯错误:接球跳起动作不连贯,导致持球不正确。

纠正方法:原地重复做分解的练习。

4. 双手腹前传球

双手腹前传球是一种距离非常近的情况下用递交球的办法来传球的方式,常在队员之间进行策应配合时运用,特别是内线队员与外线队员之间的策应,也常用于队员在弧顶处交叉跑动掩护时运用。

动作做法:传球时,正确持球并且将球置于腹前或者腹部一侧,球出手时,手腕右下向上翻转,同时小指、中指和无名指的指端用力拨球,使球柔和地传出给接球队员。

动作要点:充分利用小指和无名指上挑,手腕急促抖动。

易犯错误:臂的摆动过大,手指上挑力量不足。

纠正办法:持球做收肘和手指上挑的练习。

5. 双手头上传球

这种传球方式,出手点高,臂的摆动幅度小但短促有力,速度快,不容易被封堵。多用于快攻时或者被包夹时,外线之间和内外线队员之间的传球。缺点是传球不隐蔽,不利于接球后的突破、投篮等。

(1)原地双手头上传球

动作方法:持球手法跟双手胸前传球相同,双手持球于头上,两肘和掌心向球即将传出的方向一致,传球距离较近时,小臂略前摆,手腕外翻前扣,拇指、食指和中指用力弹拨球。传球的距离如果较远时,要利用脚蹬地的力量和腰腹肌的力量协同发力。小臂用力向前甩腕、手指前扣,将球传出。

动作要点:出手点要高,手腕外翻,要迅速有力。

易犯错误:小臂前甩幅度过大,腰腹用力不够。

纠正方法:身体充分伸直,肘抬高,增加出手点的高度。

(2)跳起双手头上传球

动作做法:跳起双手头上传球时,双手持球于后上方,当身体跳至最高点时,身体充分伸展,呈反弓姿势,腰腹肌用力,双臂前甩,手腕、手指协同放松用力将球传出,一般情况下头上双手传球的飞行路线都是弧线。

动作要点:跳起到最高点后,球要到头的后方。

动作难点:用力时身体要协调,手臂要放松。

纠正方法:做原地摆球的练习。

6.双手反弹传球

双手反弹传球亦可以称作双手击地传球,这种传球方式容易跟假动作配合迷惑对手,击地时速度快,击地点隐蔽并且球的着地点低等特点,不容易被对手抢断,多用于近距离的传球。如突破后的分球、给内线队员传球等,这种传球方式是比赛中常用的方式。

动作要领:持球的手法与原地双手胸前传接球的要领一样,只是用力方向不同。反弹传球即击地传球时,球的击地点的选择很关键,它一般是在接球人与传球人之间且距接球人的距离约两人距离的三分之一处。球弹起的高度约到接球人的腰部为宜,同时还要根据两人的距离决定传球击地时的角度。

动作要点:传球击地时力量的控制和击地时角度的控制。

易犯错误:手臂前伸幅度控制不好,击地点的选择不够准确,球的反弹高度不到位。

纠正方法:严格规范击地点的掌握,加强手指、手腕力量。

7. 单手肩上传球

在比赛中远距离的传球多运用单手肩上传球,这种传球方式有速度快、落点准确等特点。在比赛中抢到后场篮板球发动直接快攻时多适用单手肩上传球。

动作做法:以右手传球为例,传球时两腿自然开立,左脚在前,双膝稍屈,身体侧对传球方向,右手翻腕持球于肩上,整个身体的重心落在后腿即右腿上,球出手时重心由后脚向前移到前脚上,右脚用力蹬地的同时身体转动带动手臂前摆。以胸带肩、以肩带臂,甩腕、手指用力拨球将球传出。

动作要点:转体时身体的用力要协调,球的飞行路线是弧线,要向前上方用力。

易犯错误:持球时肘关节下降,转体蹬地时跟上肢的用力脱节。

纠正方法:抬肘时肘的高度约与肩同高。小臂垂直向上,大臂用力要加强。

8. 单手胸前传球

单手胸前传球是单手传球中最基本的动作,比赛中应用率最高,实战中很实用的一种传球方式。这种传球方式具有灵活、隐蔽性强,便于跟投篮和突破结合使用。

动作做法:以右手为例,持球方式与双手胸前传球相同。传球手和小臂要短促有力地前甩用力,同时手腕要适当后屈,然后急速向前扣压,稍向内侧翻转。最后通过食指、中指、无名指的协调用力将球传出。

动作要点:传球手前臂侧甩用力短促,手腕适度内扣。

易犯错误:传球臂的挥动幅度过大,手指、手腕用力慢。

纠正方法:可在原地多做模拟练习,要注意球要靠近肩部,手腕后屈和前扣时要快速用力。

9. 单手低手传球

这种传球方式隐蔽性很强,面对高大队员的防守时多被采用,是破解高大队员防守的有效的传球方式之一。这种传球的动作具有幅度小并且快的特点。

动作做法:以右手为例,传球时左脚向左前方跨出一步,同时左手向右手推球并向下摆动,当右手手指向下,掌心朝向传球方向时,小臂迅速向传球方向摆动,手腕后屈向前发力,最后用食指、中指、无名指的力量用力快速地将球拨出。

动作要点:跨步与球的摆动和传出要协调一致。

易犯错误:臂的摆动太慢,传球的速度缓慢无力,跨步时重心跟不上。

纠正办法:重心控制要严格,前臂手腕前超。

10. 单手背后传球

单手背后传球是隐蔽性跟侵略性都很强的一种传球方式。它多在突破分球和快攻的最后阶段使用。

它的动作做法是:以右手的原地传球为例,原地的背后传球时,首先双手持球于体前,左脚向前迈出一步,身体左侧随即迁移并且侧对传球目标,此时右手单手持球,左手离开对球的控制,右手持球后摆至臀部,向传球方向急速甩腕,手指拨球,将球快速隐蔽地传给接球队员。

动作要点:传球时手腕的甩动要放松,手指拨球要用力并且要根据防守队员和接球队员的位置,控制好球飞行的路线、弧度及落点。

易犯错误:传球时球离身体太近造成传球失误。

纠正方法:持球手臂后摆时通过肘的后摆带动臂后摆,屈肘引球。

11. 勾手传球

勾手传球的特点是出手点高,防守队员不容易对传球形成阻碍,经常在得到后场篮板球直接发动快攻和遇到几名防守队员的包夹时运用。

动作做法:以右手传球为例,左脚向一侧或者前方跨出一步并随之转体,同时球要用右手控制,持球手臂随着身体的转动沿身体右侧经下向上摆动,右腿抬起,左脚起跳。当球摆至头右上方的时候,右手腕快速甩动,手指用力拨球,将球传出。为传球到位,躯干和右臂尽量伸直充分向上舒展。

动作要点:转体摆臂要协调一致,身体和传球臂要充分舒展,甩腕拨球要快速、准确、到位。

易犯错误:臂舒展不开,出手点低,传出的球不到位或者被对手抢断。

改正方法:持球臂的大臂要充分摆动。甩腕拨球动作要规范,充分运用杠杆原理。

12. 单手反弹传球

单手反弹传球是比赛中经常使用的一种传球方法,在近距离的传球时使用比较多。它的特点是隐蔽性比较强,在小个队员面对高大队员的防守时,运用这种传球方式效果是比较好的。多应用于内线队员传球给向篮下切入的队员时。

动作做法:单手向前反弹传球的手法与单手胸前传接球的手法基本相同,不同点就是单手反弹传球时,要将球向地面的反弹点用力传出。单手体侧反弹传球的手法与单手体侧传球基本相同。单手体侧向后传球的动作要领要求,手腕、手指向反弹点的压腕和手指的弹拨动作要爆发式地发力。单手反弹传球的击地点即反弹点与双手反弹传球的相同。

13. 单手点拨、推拨传球

单手点拨和推拨传球技术在现在的比赛中被广泛运用,特别是在篮板球的争夺中运用比较广泛,运球中的快速传球也可以运用,它具有动作突然、速度快、隐蔽性强和不容易防守等优点。此外在快攻和阵地战中有时也会经常运用。

(1)空中点拨传球

动作做法:运动员跳起身体到达最高点时,当手指接触球的刹那间,身体充分舒展,大臂用力向空中伸展,利用手腕的转动和手指的力量,将球有目的地拨向各个方向。

(2)形式运球中的点拨球

动作做法:在快速运球向前推进的过程中,如果前面的队友出现了很好的进攻机会时,运球队员要借助球向上弹起时的力量,传球手的手腕向传球方向快速有力地爆发式地用力甩扣,与此同时除拇指外的其余四指的手指末节用力弹拨球的侧后方,将球快速地点拨并传出,用力的方向要根据接球队员的位置而定,当右手运用点拨技术传球时,如果要将球向左前方传出,那么就要手心向上,拇指向斜上,手腕内翻向前弹扣,手指用力弹拨球。向侧后方点拨传球时,手法相同,用力的方向和点拨球的位置就有所区别。

动作要点:手腕要借助球弹起时的力量快速有力地甩扣,并以此带动手指末端用力弹拨将球成功传出。

易犯错误:手腕离开球的时机欠缺,过早或过晚都不对,用力小而且慢,影响传球的质量。

纠正方法:进行弹拨球训练时手腕增大控球面积,用力快速地弹拨。

(3)运球中单手推拨传球

动作做法:以右手为例。在快速运球向前推进的过程中,当前面的队友出现很好的进攻时机时,快速地运用单手推拨的传球手法将球传给接球队员。传球时,如果球在身体一侧,运球手要迅速迎球,同时手腕后屈并侧转,拇指指向斜上方,掌心向前触及并控制球侧后方,同时前臂借支撑脚迅速蹬地和重心前移的力量快速向前摆动,当摆至即将与传球方向平行时,向前快速屈腕,手指用力拨球并将球准确及时到位地传出。如果球在身体的侧前方,球的同侧脚要迅速上步,同时触及球并控制球将球传出。

动作要点:蹬地重心前移要跟臂的摆动和手腕的甩动协调配合,增强运球时余光的观察能力,即拓宽自己运球时的视野。

易犯错误:球与手的接触面积少,球离开手的时机过早,推球的时机把握不够精准。

纠正方法:尽可能地增加手腕和球的接触面积。

(三)接球的技术教学

1. 接球的技术分析

进攻和持球队员的进攻,接球是一个持球队员进攻的开始,是自己持球直接得分或者助攻同伴得分的开始。接球技术是一个篮球队员最基本的技术之一,篮球运动员无论是训练还是比赛,只有拥有正确出色的接球技术,才能够尝试传球、运球、突破、投篮等动作。据统计在一场成年五人制的比赛中,一个队进攻传接球的次数达到420次左右。同时在比赛中由于传球和接球技术的原因,也导致了在比赛中较多的失误,丧失好多好的进攻机会。所以篮球运动员的训练中,接球教学是很关键的内容,在日常的训练中要高度重视。接球是一个完整的过程,包括视野的开阔、接球的手法、接球后重心的变化和控制、接球后下一个动作的连接等。这些环节紧密相连,缺一不可。

2. 接球的手法

接球技术分为单手接球和双手接球两种技术,根据接球时的身体状态,又可分为原地接球,行进间接球和跳起接球等。无论哪种形式的接球其手形和动作要求都是一样的,身体姿势在接球前都要保持平衡。双手接球时,双眼目视来球判断球的高低,肩和臂都保持放松状态,手臂伸出迎球并呈半球状,手腕扬起,手心向着来球方向,五指上扬,如果球的高度低于腹部,拇指向前,其余四指向下。手指接触球的刹那间,根据球的运行情况,包括速度和转动等,迅速地将球向自己的身体引进,以达到缓冲的目的,如果是单手接球,手腕要积极后翻,缓冲并控制好来球,另一只手随即配合放在球上,达到控制球的目的,此时的姿势处于三威胁的姿势,以便为下一个进攻动作做好准备。

3. 接球前的观察与判断以确定自己接球时身体的重心和位置

在比赛中运动员无论处在防守位置还是进攻位置,其最终目的就是获得球权,如果想要得到球那就要随时准备抢断对手的球或者接同伴的传球。不管哪种形式,每一个队员都要保持注意力的高度集中,对于场上其他九个人的情况要非常清楚,保持重心适度下降至合适的高度,让身体始终处在一个"三威胁"的姿势中。

4. 接球后的动作

比赛中接球后也就是获得球的控制后预示着进攻的开始也就是得分的开始,得分可以直接得分也可以间接得分。在接球后,持球队员要根据场上防守队员的位置和自己同伴的位置,决定是自己直接跳投、突破上篮,还是选择分球给同伴让同伴完成进攻得分。

(四)接球技术动作方法

1. 双手胸前接球

动作方法:首先呈三威胁姿势,即重心略下降、双膝微屈,身体重心落在两只脚的前脚掌上,上体保持正直稍前倾,双臂自然弯曲置于胸前,两手呈半球状,五指自然分开,手腕扬起,掌心朝着来球方向,目视前方。两臂自然前伸迎球,当手指触球的瞬间,双臂即可后引以缓冲来球的力量,并持球于胸前,控制好身体的重心,保持好攻击性的身体姿势,为下一个动作做好准备。

动作要点:手呈半球状,手指手腕放松,触球的一瞬间双臂及双手后引使球得到缓冲。

易犯错误:接球时手形不正确,手指手腕紧张不放松,容易造成漏接和手指受伤。

纠正方法:手指手腕放松,主动迎前接球并且及时地缓冲。

2. 双手低手接球

双手低手接球有两种形式的接球,一是双手接低于腹部的球,二是双手接地滚球。

接低于腹部的球:接球时,身体重心适度下降,两腿微屈,上体稍前倾,双手伸向身体的前下方,两手的小拇指相对呈八字形,手心向前,双手和双臂放松准备接球,当球触手后,双手和臂后因缓冲将球收回到胸前。

双手接地滚球:接地滚球有两种形式。一种是面对来球的方向,呈基本接球姿势准备好,当球即将到达或者接近接球队员身体时,接球队员向前迈出一步随即身体下蹲,双脚前后分开,双手向来球的方向伸出,掌心向前,手指向下呈半球状,球触手后迅速屈腕抱球。

还有一种就是追逐接地滚球,这种接地滚球的特点是从球的后方接球,接球的方向与球滚动的方向一致,接球的方法是,快速跑动,当身体靠近球时,一条腿快速向前跨出,随即身体屈膝下蹲,双手分开掌心相对手指向前,分别伸到球的两侧,当手触到球时手腕用力向前内扣,手指放松,将球控制,持球后身体站起呈三威胁姿势。

3. 双手接头部以上的球

动作做法:双手头上接球与双手胸前接球的手形相同,不同的地方是接球的时候双臂要向前上方伸出迎球,并缓冲接球,双手接球迅速地将球放到胸前位置。根据需要有时候要跳起完成头上双手的接球,当进行跳起头上接球时,要准确地判断好球的高度和可能的落点,向上充分伸展双臂,两手手指分开呈半球形,双手触球并控制球后手臂快速收回到胸前位置,同时身体落地并控制好平衡。

4. 单手接球

现在的篮球发展快速多变,技战术水平不断提高,接球的方式也呈多样化的趋势,单手的接球已被广泛利用,特别是内线队员的接球应用更加广泛,单手接球可以使接球队员接球手更有效地远离防守队员,既便于接球后的进攻,同时也避免防守队员的干扰和断球,使接球队员处于非常有利的位置。

动作做法:原地单手接球时,接球手要主动伸出迎球,臂、手腕和手指要放松,五指自然张开进一步扩大触球的面积,掌心空出。手触球的刹那间手臂顺势后引并翻腕,另一只手顺势扶球,屈膝降低重心,保持身体的平衡,并要为下一个进攻动作做好准备。

单手接球有时候根据需要会在移动中完成,移动中单手接球,不管是前跨接球,还是身体腾空接球。当手触到球后要迅速屈腕收臂引球,重心下降实现对球的控制,并且要为下一个进攻做好准备。

动作要点:手指和手腕要放松,触球后要后引球缓冲来球的力量。

易犯错误:接球时手腕过于放松,把握不好接球时机。过于紧张造成手指受伤。

纠正方法：接球时要集中注意力，动作到位。

(五)传接球技术教学的注意事项

传接球教学首先要先从原地传接球练习开始，掌握正确的传接球技术和手法。传接球的教学，要把单、双手胸前传接球、反弹传球和单手肩上传球等作为教学重点。教学过程中传球和接球学习要同时进行，以便使传接球的连贯性得到加强。

二、篮球传接球技术综合训练方法

(一)全场侧身弧线跑传接球训练

目的：体会在行进间单手或双手传接球的完整动作技术。

方法：3人做固定位置传接球，其余人每人一球做侧身及弧线跑传接球练习。

要求：传接球要快速，动作要连贯、准确，上下肢要配合协调。

(二)三人直线跑动传接球训练

目的：体会在跑动中传接球的出球手法，提高学生的运用能力。

方法：3人一组，中间人拿球向两边自己同伴传球，然后接回传球，依次进行。

要求：传球要快，保持三角队形，中间慢，两边快，两边传球后要加速跑。传球要到位，以球领人。始终要做斜线传球，用眼睛的余光进行观察。

(三)全场二攻一传接球训练

目的：体会在有防守的情况下，进行传接球，提高学生传接球运用能力。

方法：2人一组，在全场进行传接球，一人进行防守，然后交换。

要求：传球要隐蔽快速及时到位，防守积极封断。

(四)全场五对五传接球投篮训练

目的：体会在对抗情况下进行传接球，提高学生传接球运用能力。

方法:全场五对五传接球投篮,进攻队员采用各种传接球技术进行,投篮后抢篮板球继续进行练习,如投篮投中或抢到篮板球后,防守队员转入进攻。

要求:进攻队员配合要熟练,传接要到位,要跑开位置拉开层次,防守队员采用先消极防守后做积极防守,进攻队员传球三次后可投篮,但不准运球。

第三节 投篮技术教学与训练

一、投篮的技术教学

投篮是篮球运动中非常重要、非常关键的技术,一切身体的、技术的、战术的训练都是为投篮服务和准备。攻守双方运用各种技术和手段方法实现对球的控制,最终通过不同形式的投篮方式,把球送入篮筐。

(一)投篮的技术分析

投篮的方法有许多方式,无论哪种方式的投篮,决定投篮命中率的因素基本是一样的,包括投篮的意识、投篮的技术、投篮的时机和良好的身体素质等。

1. 投篮的意识

篮球比赛攻防转换的节奏非常快,运动员的身体对抗强度非常大并且也非常频繁,攻防的最终目的是控制球并且把球送入篮筐。所以对有球队员的防守就特别严密,利用一切合法的手段,尽可能地阻止持球队员投篮得分。这种情况下持球队员想要把球送入篮筐,就要有果断的意识、自信的意识和顽强的毅力以及把握机会的能力和意识。并且要充分利用和发挥自己良好的身体素质,恰当地运用不同的投篮形式,完成投篮的任务,最终取得比赛的胜利。

2. 投篮技术

投篮技术包括正确规范的投篮手法、瞄篮方法、球出手的弧度和球的旋转。

第五章　现代篮球技术教学与训练

(1)投篮手法。篮球的投篮手法有两种,一种是单手投篮,还有一种是双手投篮。无论哪种形式的投篮,准备姿势都是必须有的一个环节,准备姿势的选择,要根据防守队员的情况而定,如防守队员的位置、防守队员的身高、防守队员采用的防守姿势等。正确的防守姿势是将球置于正确的部位。成功有效的投篮手的姿势很关键,手要五指自然分开,尽可能地增大对球的接触面积,使球保持稳定性,并且要控制好球出手的方向和力量。投篮时整个身体的用力要协调,对于手腕、臂和手指的用力要求更加严格苛刻,不但要求充分放松,更要求非常地协调。

双手投篮的手法:两手五指自然分开,拇指相对呈"八字形",用指根以上部位接触球并且扶在球的两侧后部,球的位置在下颌与胸之间。掌心空出,手指手腕放松,微屈膝降重心,肩臂也要放松。两肘自然下垂。投篮的时候双脚用力蹬地,踝、膝、髋三个关节快速伸展,双臂向前上方用力把球送出,手腕外翻,利用两手的拇指、食指和中指的力量将球投出。

单手投篮的手法:以右手为例,身体重心适度下降,双膝略屈,上体正直,五指自然分开,指根以上部位触球,掌心空出,手腕后屈持球,将球置于头的右上侧、右肩以上。肘关节自然弯曲置于球的下面,投篮时双脚用力蹬地,踝、膝、髋三个关节快速蹬伸协调发力。肘向上用力,向上伸展大臂,松小臂,手指手腕放松并且甩腕拨球,使球从食指和中指的末端投出。

投篮技术的关键是保持身体重心适度降低,和双膝微屈的状态。投篮的时候全身要协调用力,球出手时手指、手腕要放松,甩腕拨球的动作要流畅,同时要用手指和手腕的力量控制好球的弧度和方向。

(2)瞄篮方法。要想提高投篮的命中率,瞄篮的环节是很关键的。任何的投篮方式都要有正确规范的瞄篮技术,瞄篮点的确定又是瞄篮的关键。投篮的时候要使球直接进入篮筐的投篮方式即空心投篮,还有先让球打板后再进入篮筐的间接方式即打板投篮。因此瞄篮方法也不同。

直接使球进入篮筐的瞄篮的瞄准点,选择篮筐前沿的正中点比较合适。这种方法不受投篮位置的约束和篮板弹性的影响。投篮命中率相对较高,一般中远距离和在篮板正面篮筐近前时的投篮,采用这种瞄篮方式。

擦板投篮的瞄准点,这种投篮方式的瞄准点应是在篮板上。这个点的选择可以运用物理学当中的入射角和反射角的原理来确定,同时也要根据距离篮筐远近的不同,投篮运动员所处位置与篮板角度的不同等来确定。通常情况下角度小距离远则瞄准点离篮筐的距离高而远,反之,则低而近。

(3)抛物线,是指球出手后在空中运行的弧线,投篮时球出手时的角度、运动员所处位置距离篮筐的距离等对抛物线的影响很大。近距离的投篮,球出手时的角度大,抛物线的弧度就大。

中远距离的投篮相对出手角度就小一些,球出手后球运行的抛物线弧度也相对小一些。跳起投篮即跳投时,因为跳起后身体重心会升高,致使球的高度接近篮筐的高度,亦可以运用低弧度。

因此根据投篮时球距离篮筐的远近、采用的投篮方式和出手的角度,球出手后运行的抛物线可分为三种,即低弧线、中弧线和高弧线三种。低弧线投篮球入筐的角度小,不易投中,命中率就低。中弧线的特点是便于控制球飞行的方向,球入篮筐的角度又适合,所以是相对较理想的抛物线,命中率高一些。高弧线球入篮筐的角度虽大,但是球运行的速度较慢,路线长等是不利因素,使得球的飞行方向不好控制。这些是指通常情况下投篮的抛物线对命中率的影响。现在随着篮球队员身体素质的不断提高,篮球比赛对速度、力量、节奏等都有着更高的要求。防守时多采用区域紧逼和人盯人紧逼的形式,队员的身体又比较高大,对投篮队员的盖帽更是积极主动威胁很大。所以投篮时为了避免被封盖,多采用大弧度的投篮方式。

(4)正确运用球的旋转,投篮的时候,球出手到进入篮筐需要一定的运行时间,在这段运行时间内球是旋转的,球的旋转方向和旋转速度,对球前行的阻力和方向有着很大影响。正确的旋转不但能够减轻球飞行时的空气阻力,还能够使球运行的方向正确合理。

球的旋转通常是沿着横轴进行的,这种旋转的方式,能够保持球飞行的方向正确和速度均匀,投篮的命中率就高。根据场上需要,球的飞行也有向侧面旋转的时候,这种旋转会使球的飞行路线偏向侧面,这种投篮的方式多应用于篮下侧面蹭板时。投篮出手时手指、手腕的正确动作决定了旋转的正确性和合理性。篮下侧面蹭篮板投篮,球的旋转是向侧向的。低手上篮时,球可向侧上偏球篮方向旋转。空心投篮时,球在空中的旋转方向是向后的。

3. 投篮时机

篮球比赛中投篮的命中率,受出手的弧度、速度、球的旋转、正确的技术等的影响。除此之外,投篮时机的把握也是影响投篮命中率的一个重要因素。投篮的时机是由运动员自己通过积极的跑位,合理的运用一些进攻战术和技术的配合创造出来的。篮球运动的教学与训练过程中,要注重培养和增强运动员在场上的阅读比赛的能力。包括观察能力、判断能力、决断能力、把握机会和利用机会的能力等,从而创造出较好的投篮时机,并能够及时地把握利用。一般情况下当下面这些情况出现时就应该大胆果断地选择投篮。

(1)持球队员摆脱了防守,面对球篮时。

(2)在自己把握性比较大的投篮位置上持球,并且能够进行投篮的动作时。

(3)进攻的各种配合中出现了投篮机会时,自己正好处于持球状态。

(4)比赛处于胶着状态,或者局面被动时需要进行强行的投篮,得分或者造对手犯规从而打开局面。

4. 良好的身体素质

目前篮球运动发展的趋势是,身体素质的强与弱从某种程度上决定着篮球比赛的速度、节奏。谁的身体条件好了谁就能够掌握比赛的主动权,就能够创造出更多的投篮机会,最终取得胜利。身体素质的训练和综合提高是运动员正确掌握多种投篮技术的物质基础,所以说篮球运动员投篮技术的训练要跟身体素质的训练有机地结合。

(二)投篮方法

投篮的方法根据身体重心的不同,可大致分为原地投篮、行进间投篮、跳起投篮等方法。

1. 原地投篮

原地投篮是最基本的投篮方法,其他方式的投篮都是建立在原地投篮的基础之上的。这种投篮方式由于身体是处在原地状态,身体的重心不产生移动,比较容易保持身体的平衡,整个身体也比较容易协调用力。原地投篮的运用大部分情况是在中、远距离的投篮和罚球时效果更好。

(1)原地双手胸前投篮的动作要领和做法:双手持球于胸前,肘关节自然下垂,上体保持正直或稍前倾,双膝微屈,重心略下降。两脚平行或者前后开立,身体重心落在两脚之间。目光专注于投篮点上。投篮时两腿协调用力蹬伸,踝、膝和髋关节同时发力伸展。腰腹肌用力并且伸展,双臂向前上方伸出,拇指向前压送,两手腕同时外翻,最后用拇指、食指和中指的力量把球投出。身体要充分舒展,腿腰臂要自然地伸直。

(2)双手头上投篮的动作做法:双膝稍屈,重心微降,上体保持正直或稍前倾姿势。双手持球于头上,双肘自然弯曲置于球的下方,两脚前后开立,身体重心落在两脚之间。投篮时两脚用力蹬伸,踝、膝和髋三个关节充分伸展,两臂同时用力向前上方伸展,两手手腕同时外翻,拇指稍用力压球,运用拇指、食指和中指的力量将球投出。球出手后身体充分舒展,两足跟抬起。

(3)原地单手肩上投篮在篮球比赛中被广泛运用,它是行进间投篮和跳起投篮的基础。这种投篮手法的特点,相对来讲出手点高、弧度大,对手防守的难度很大。同时更便于与其他技术动作配合使用,适合在各个位置和各种情况下的投篮。

动作要领:原地单手肩上投篮运用的时机,多是在摆脱防守接球或原地持球时运用,以右手投篮为例。右脚在前、左脚在后同时稍屈膝降重心,重心落在两脚之间,上体稍前倾。右手五指自然分开,手腕后屈,屈肘持球于右肩上,肘在球的下方,正对投篮方向,左手扶住球的左下方。投篮时两脚用力蹬地,踝、膝和髋关节迅速伸展,腰腹肌用力并使躯干向上伸展。同时,右臂随着身体的伸展,肘部往上用力,大臂往上伸展,推动小臂往前上方伸展,随即手腕甩动,手指拨球,球顺着指尖的方向投出。

2.行进间投篮

行进间投篮是一类被广泛运用的投篮方法。一般在快攻中和切入篮下时运用,也可以在中、近距离时运用。行进间投篮的动作方法很多,但是根据规则规定,它的动作结构基本相同。都是由跨出第一步时接球,跨第二步起跳腾空举球完成投篮动作。这类动作的共同点是右手投篮时第一步先跨右脚同时接球,接着(第二步)左脚跨步蹬地跳起腾空,当身体腾空时右腿屈膝上抬,并逐渐使身体伸展。

(1)行进间篮下单手肩上投篮

这是快攻和突破到篮下时经常运用的一种投篮方法,它的优点是命中率高。

动作做法:以右手投篮为例,右手投篮时,右脚向前跨出时接球,接着迅速上左脚起跳,右腿屈膝上抬,同时举球于肩上做好投篮准备,左脚蹬地用力起跳使身体腾空,上体稍后仰,当身体达到最高点时,右手臂柔和地向上伸直,用手腕前屈和手指的力量将球投出。

(2)跑投,即行进间中、远距离单手肩上投篮

这种投篮方法具有突然性强,出手点高和便于结合争抢篮板球的优点。

跑投的动作在形式上与行进间单手肩上投篮相同,但是在运用时,为了增加投篮的突然性,以便于利用和惯性拉大与防守者的距离,增加投篮出手的高度和机会,接球后的第二步要小,脚跟先着地,要快速充分地利用制动向上起跳,在身体腾空的同时举球上肩,在空中要利用腰腹的力量控制身体平衡,注视瞄准点,身体腾起达到最高点时,向上抬肘伸臂屈腕,将球从指端投出。

(3)行进间单手低手上篮

行进间单手低手上篮是在比赛中快速突破对手后的一种投篮方式。

它的特点是速度快、伸展的距离远,有利于对球的保护和命中率高的优点。以右手投篮为例,第一步右脚腾空接球落地,第二步加快速度降低重心,左脚用力向前上方起跳,投篮时右手托球的下部,上臂向前上方伸展,尽可能地接近篮筐,当接近篮筐时,用挺肘和手腕柔和上挑的动作,使球从食指、中指和无名指指端投出。

(4)行进间双手低手投篮

行进间双手低手投篮的脚步动作跟单手低手投篮相同。起跳腾空后,身体向球篮方向伸展,两手持球,前臂外旋。掌心向上,向球篮的上方伸展、翻挑,使球通过指端向前旋转进入篮筐。

(5)行进间反手投篮

行进间反手投篮是指进攻队员从零度角沿底线运球突破至篮下,当身体处于篮筐下面或者超过篮筐在篮筐的另一侧时,可以运用反手投篮。为了更有效地摆脱防守,第一步要大,第二步要及时地制动起跳,起跳要有力充分。起跳后上体后仰,抬头看篮筐,同时将球向球篮方向上举,手臂向上充分伸展。小指、无名指、中指用力,手腕沿小指方向转动拨球,使球合理地旋转,并且通过打篮板进入篮筐。

(6)勾手投篮

勾手投篮常在篮下中锋强打时运用,投篮者背对球篮或者是侧对球篮,通过跨步转身摆脱防守或者与防守队员平行,通过有力的起跳、身体的舒展,将球投进篮筐。

动作要领:以右手投篮为例,从球场左侧向右侧移动时,跨右脚接球,然后左脚向左后方跨步,左肩转向球篮或侧对球篮,侧视或者正视投篮点,左脚用力起跳,左腿用力蹬伸,此时右腿屈膝抬起,同时右手持球由胸前经体侧向右肩上方举球,当把球举至头右上方最高点时甩腕并用手指拨球,使球经五指的指尖投向篮筐。

3.跳起投篮

跳起投篮简称跳投,是篮球比赛中最常用的投篮技术,也是最有效的得分方式。跳投可分为原地跳投、接球后的急停跳投、运球中的急停跳投、转身跳投等。完成跳投动作时要注意抓住最佳投篮时机,起跳要突然用力,球向上摆动跟起跳和身体的腾起要协调一致。球到达最高点时要及时将球投出。

(1)跳起单手肩上投篮

以右手为例,双手持球于胸前,两脚前后或左右开立,双膝微屈,重心略降,身体重心落在两脚之间。投篮时两脚用力蹬地,踝、膝、髋三个关节快速伸直,腰腹肌用力,身体向上跳起并伸展,同时两手持球随身体的向上伸展而向上举起,持球于肩上,右手持球掌心空出,左手扶球的侧方,当身体接近最高点时,右臂抬肘推动小臂向上伸展,然后手腕甩动,手指拨球将球投向篮筐。

(2)急停跳起投篮

急停跳起投篮亦可称为急停跳投,是进攻队员在突破后或者在移动中接到球遇到对手的防守,身体突然制动而进行投篮的一种技术。

第一种形式:运球急停跳起投篮。快速运球中最后的一步或者两步逐渐减速,并且步幅减小,利用跨步或者跳步急停突然起跳,同时双手持球迅速上举至肩上,当身体达到最高点时,肘部上顶,伸大臂送小臂,手腕甩动手指拨球将球投出,投篮的过程腰腹肌要用力,保证身体空中的平衡。

第二种形式:接球急停跳起投篮。在快速移动中接球,同时急停,两脚先后或者同时落地,两膝微屈,重心适度下降,突然跳起,身体充分向上伸展。出手动作跟运球急停跳投相同。

第三种形式:转身跳起投篮。背向或侧向接球后,有一脚做中枢脚,另一脚跨步前转身或者撤步转向球篮,同时屈膝降重心起跳,当身体到达最高点时抬肘伸臂,最后用甩腕和手指的力量将球投出。

二、投篮技术的训练

第一,投篮是篮球运动的主要技术,应尽早安排教学。投篮技术的教学顺序为:先学习原地双手胸前投篮、单手肩上投篮,接着学习行进间单手肩上投篮、单手低手投篮、双手低手投篮,再学习原地跳起单手肩上投篮和急停跳投等。

第二,双手胸前投篮和单手肩上投篮为重点,掌握好投篮的手法,带动其他投篮技术的学习和提高。在此基础上,进而掌握好行进间投篮和跳投这一现代篮球运动中普遍采用的重要投篮技术。

第三,在训练中,应注意合理安排练习的强度和密度,要有次数和命中率指标的要求。投篮距离由近至远,位置由一点到多点。

第四,教学与训练应与移动、传接球、运球突破和抢篮板球技术结合进行,提高应变能力和树立每投必抢(篮板球)的意识。

第五,在正确掌握了主要投篮技术后,应加强心理训练和在对抗及战术配合中的投篮练习,提高自信心和抗干扰及实战运用能力。

第四节　运球技术教学与训练

一、运球技术的教学

运球是持球队员在原地或者移动中,用手连续拍按借助地面反弹起来的动作。是篮球比赛中进攻的主要手段之一,它是个人摆脱防守进行攻击的方法,也是全队进攻组织的纽带,是发动快攻和组织战术配合的主要手段。运球的目的,一是寻找突破和传球的机会,再一个就是通过运球为同伴创造机会。

(一)运球的技术分析

运球技术的关键,在于脚步动作是否灵活正确,是否有很好的控球能力和运用各种规范手段保护球的能力,以及身体和手、脚的协调能力。运球的方法有许多种,是要根据场上比赛需要去采用的,无论哪种运球的技术都具有一个共同的特点,重心都要下降以保持身体的平衡,同时还要有开阔的视野。运球时要以肘关节为轴上下摆动,五指自然张开,掌心空出,手指包括指根接触球,手腕放松并且控制球的弹起高度、速度和角度。

手臂要随球的变化而摆动,尽可能地扩大手跟球的接触面积,规则范围内延长球与手的接触时间,增强对球的控制能力。

手拍按球的位置要根据球的状态而定,原地运球时,手要拍按球的正上方,向左、右改变球的方向时,手要拍按球的右、左侧上方。运球推进的速度越快,拍球点就要越靠后。为了更好地保护好球不被对手破坏或者抢断,遇到对手的紧逼时要用侧对防守的运球方式。它是以肩关节为轴,大臂发力,带动小臂和手指、手腕的动作来控制球的攻击性运球方式。

(二)运球的技术动作方法

1. 高运球

在没有对手干扰的情况下,可以运用高运球,它的特点是手拍球的力量大,反弹的高度高,球速快,身体重心高,方便于运球的同时全方位地观察场上情况。

动作做法:运球时,头要抬起,目视前方,上体微屈、两膝微屈使身体重心略微下降。球反弹的高度在胸和腰之间,手拍按球的位置在球的后上方,拍按球的落点在身体的侧前方,手脚配合要协调,球和运球队员的运行速度要一致。运球队员行进的速度和拍按球的位置、频率等决定了球运行的速度。

2. 低运球

比赛中对手贴近防守时,多采用低运球的方式,低运球的特点是重心低,更便于保护球和摆脱防守。

动作做法:运球过程中遇到防守队员的严密防守或者紧逼防守时,两腿迅速深屈,随即重心下降,上体前倾,前倾幅度要根据防守队员的防守位置和姿势而定,以靠近防守队员一侧的腿、躯干、肩和臂来保护好球。手拍按球的节奏要短促用力,球反弹的高度在膝部以下位置,这样便于更好地控制球和有效地摆脱对手。

3. 运球急停急起

运球急停急起是在遇到对手近身跟随防守的情况下,运用身体重心的突然变化和球的速度变化的节奏,迷惑、打乱对手的防守节奏和意图的运球方式。

动作做法：在快速运球过程中突然急停时，重心快速下降，用脚步的制动使身体停下来，手拍按球的上方，球与地面垂直反弹。急起时，后脚迅速而有力地蹬地，上体略抬起并前倾，手拍球的后上方，动作要快并且突然性要强，随即迅速超越对手摆脱对手的防守。整个动作对球的保护是很重要的。

4. 体前换手变向运球

这是一种在比赛过程中，运球队员在运球行进的时候，遇到防守队员正面防守时，为及时快速地摆脱防守，有目的地向左或者向右改变运球的方向，从而摆脱防守的一种运球方法。

动作做法：当运球队员欲从对手右侧突破时，先向对手的身体左侧运球；当对手向左侧移动，身体重心移向左侧时，运球队员突然改变球的方向，把球往防守队员的右侧拍去。拍球时右手拍按球的右上方，使球经自己的体前往左手方向拍去。左脚用力蹬地快速地跨向左前方，身体向左侧扭转，侧右肩挡住防守者，然后左手拍按球的正后方，左脚用力蹬地，右脚经防守者的身体右侧向前上方用力跨步，左手拍球速度要快，球的反弹要低，这样从防守者的右侧快速突破。

运球变向换手时，动作要快，球的反弹要低几乎贴近地面，身体上部保护球，动作要迅速连贯。一旦身体超越防守队员后要有加速超越的动作。

5. 运球转身

运球转身是运球队员想从防守队员的一侧突破，线路被封堵的时候，采用的一种运球方式。

动作做法：以右手运球为例，当防守队员逼近或者运球队员有目的地主动靠近防守队员时，左脚向前跨出一步，并且置于防守队员两脚之间或者靠近右脚脚内侧的位置，此时以左脚作为中枢脚，右脚用力蹬地身体顺势做后转身，右髋要积极发力，右手拍按球的右侧上方，与身体的转动一起向后把球拉到身体的侧后方，并且快速换左手拍球突破对手的防守。整个动作过程要保持低重心，球要与身体一起走。

6. 背后运球

背后运球是当对方队员贴近并且重心已经发生了偏离时，采用的一种运球方式。运球队员如果选择从防守者的右侧突破,就要先向对手的左侧运球,使得防守者的重心向他的左侧移动,然后突然快速地用右手拍球的右外侧,同时右脚向前快速地跨出,右手将球从背后拉引至自己的左前方,立刻换左手拍按球,快速突破对手。

二、篮球运球技术教学和训练的建议

运球教学与训练,应注意循序渐进,由易到难。一般教学顺序为:高、低运球;运球急停急起;体前变向换手运球;运球转身。

运球的关键是手对球的控制能力和手脚的协调配合。手上功夫要天天练,以熟悉球性,提高控制球、支配球的能力。同时要提高脚步动作的速度和灵活性。

抓好运球基本功训练,使学生正确掌握运球技术动作。要加强弱手运球的训练。对学生完成的技术动作,应及时地做出评定,肯定优点,指出错误,分析产生错误的原因,并采取纠正错误的辅助练习和训练手段。

初学运球时,应严格要求学生养成抬头观察场上情况的习惯。初步掌握运球动作后,应培养学生运球时用身体保护球的能力。

要将运球与传球、突破、投篮等各项技术训练结合进行。培养学生的战术意识,掌握好运球时机,合理地运用运球。

应先在消极防守、后在积极防守情况下练习运球,直至高速度、高强度中进行对抗练习。在运球时敢于接近对手、超越对手,防止消极躲避对手或对手上来抢堵就停球的畏惧心理。

第五节 持球突破技术教学与训练

一、持球突破技术教学

持球突破是持球队员运用脚步动作和运球技术快速超越对手的一项攻击性很强的技术。有目的地运用持球突破技术,不但能使自己进攻得分,还能够打乱对方的整体防守部署,同时也能够给同伴创造好的进攻机会。

(一)持球突破的技术分析

持球突破技术的整个结构由蹬地转髋、转体探肩、放球和加速等部分组成。

1. 转髋

持球突破是持球进攻队员从原地的静止状态下突然启动,改变自己身体静止状态,使自己具有一定的速度,从而超越对手的一项技术。身体由原来的静止状态到具有一定的速度,就必须依靠两脚积极有力地蹬地,同时要使上体前倾、重心前移与之配合。为了尽可能增强后蹬的力量,力争第一步就超越对手,跨出的第一步要大,要紧贴对手的身体,中枢脚的膝关节要保持适度弯曲,这样可以使得第二步的蹬地加速更加有力。

2. 转体探肩

在中枢脚后蹬用力和上体前倾的同时,上体要向跨步方向转动,使身体占据有利的空间位置,以此来加快突破速度、超越对手和保护球。

3. 放球

放球是持球突破技术的重要环节,如果不能够及时放球,与前面的三个环节协调配合,就会造成走步违例和影响突破的速度。

上面的技术环节连贯性很强,有着非常好的衔接。要保证突破技术的正常运用和发挥,运动员还要注意观察防守队员的位置,判断对手的防守意图,以及重心移动情况等。

(二)持球突破技术的动作方法

1. 原地同侧步突破亦称作顺步突破

以向防守者的左侧突破为例。突破前的准备姿势要求,两脚左右开立略宽于肩,屈膝降重心到适合位置,双手持球于胸前。突破前可以用假动作迷惑对手,突破时左脚前脚掌内侧用力蹬地,重心前移,右脚迅速向右前方跨出一步,同时上体向自己身体的右侧转动。左肩下压,右手将球放于右脚的侧前方,同时左脚用力蹬地超越对手。

2.原地交叉步突破(以右脚为中枢脚为例)

两脚左右开立,稍宽于肩,双膝微屈,重心下降,大小腿的夹角大约为135度,突破前用假动作迷惑防守队员,使得防守队员的身体重心产生移动,可以是投篮动作也可以是传球动作。突破时左脚前脚掌内侧用力蹬地,左腿向右前方跨出一大步,同时身体向右转动,左肩向右下方扣压,将球放在左脚的侧前方,同时中枢脚继续加大蹬地力度,并且向前跨出,此时右手运球,整个身体超越对手,完成突破。

3.跳步急停持球突破

篮球比赛中,一名运动员要想通过跳步急停持球突破技术完成对防守队员的摆脱。在急停前就要根据自己与防守队员的位置,同伴的传球等做好向两侧或者是向前急停的准备。面对同伴的传球应及时地伸臂迎球,同时用一只脚用力蹬地,向侧或者向前跃出,双脚都腾空时接球,接球后双脚前后或者平行落地。随即屈膝降重心保持身体平衡,球要保护好。然后再根据对手的防守情况选择突破方式。

原地交叉步突破和原地同侧步突破是各种持球突破技术的基础,在对这两种突破技术熟练掌握后,可以采用更多形式的突破技术,以丰富持球突破的内容。使自己在比赛中能够更加有效地突破对手,实现进攻的目的。比如说运球急停急起突破、背后运球突破、前转身和后转身的突破等。

(三)持球突破技术易犯错误与纠正

易犯错误一:持球突破时不敢贴近对手切入,而是绕一个弧远离对手。

纠正方法:讲解正确动作方法,并做示范,让学生建立正确动作概念。

易犯错误二:持球突破时第一步小,重心高。

纠正方法:教师通过语言诱导,提示动作要点,让学生在消极对抗情况下进行突破练习。

易犯错误三:持球突破时,转、探肩不够,不注意保护球。

纠正方法:讲解正确的转、探肩动作,并做示范,使学生建立正确的概念。

易犯错误四：持球突破时，中枢脚移动或放球晚造成走步违例。

纠正方法：让学生在脑海里重复正确的蹬地、推拍球动作。在其对动作有了很清晰地了解后再实际练习。

(四)持球突破技术教学注意事项

第一，持球突破技术教学中，正确示范动作，要教会学生两脚都能做中枢脚，以及明确规则对技术动作的要求，并能合理运用。

第二，培养学生勇猛、顽强的作风，要勇于在贴身紧逼中运用突破技术。同时也应注意掌握灵活的突破技巧，逐步学会利用位置差、时间差、假动作和节奏变化等方法，发挥突破的威力。

第三，重视培养良好的突破意识，提高观察判断能力，掌握突破时机，不断提高持球突破的能力。

二、持球突破技术的训练

第一，每人一球，做原地持球交叉步和同侧步的动作练习。体会突破动作的技术要领以及身体各部位的协调配合。

第二，两人一组一球，相距2米面对站立。轮流做同侧步、交叉步突破练习，相互检查中枢脚是否移动，跨步、转体探肩是否正确，推按球是否及时。

第三，接球急停突破练习。两人一组一球。无球队员向有球同伴示意接球方向，然后移动接球急停做交叉步或同侧步突破，轮流进行。

第四，突破上篮练习。学生成一列纵队，面对球篮，每人一球，按顺序做原地持球交叉步或同侧步突破接行进间投篮。抢篮板球后运球回队尾。

第五，"一攻一守"持球突破练习。做半场的一对一"斗牛"练习。

第六，半场三对三攻守练习。要求防守采用人盯人防守，不许换人。进攻队员不许掩护，主要利用投篮和突破结合技术来进攻。练习一定次数或成功一定次数后，攻守交换。

第六节 防守技术教学与训练

一、防守技术教学

(一)防守基本技术

1. 防守技术分析

防守技术是指阻止对方队员进攻所运用的技术,在运用防守技术时,要合理运用具有防御和攻击效果的动作组合。现代篮球比赛强调攻守平衡,对高水平的队员来说,具备攻守平衡能力是在篮球竞赛中取胜的关键因素之一。攻击性防守要求运动员必须具有勇猛、反应灵敏、果断压倒对方的气势,主动去控制对方的进攻。因此,防守对队员身体素质、技术等各方面提出了更高的要求。个人防守技术的好坏反映一名队员的防守能力,个人防守能力是全队防守的基础。只有成功地做好个人防守,才能更好地去进行配合防守和完成全队整体防守的任务。

防守技术是一项综合的篮球技术动作,是由手脚动作结合对手和球、篮的位置、距离等因素所构成的。脚步动作是防守时采用的移动步法,是个人防守技术的基础。防守队员运用脚步动作,抢占有利的位置与手臂动作配合干扰对方传接球,封盖投篮和抢、打、断球,最大限度地破坏对方进攻,以达到争夺控球权的目的。防守技术主要包括防守无球队员和防守持球队员两种。防无球队员时,防守距离要根据对手与持球人的距离而定。并将球场分为强侧和弱侧。球所在的一侧为强侧,远离球的一侧为弱侧。强侧防守无球队员的位置选择,应站在对手与球篮之间,偏向有球一侧。离球近则近,离球远则远。防守时尽可能干扰对方传递球,形成球、对手与防守者之间的三角形关系。防有球队员,要根据持球者的能力,在其突破技术较强,习惯于右侧突破时,应离持球者稍远,站在对手右侧突破的路线上;当持球者突破能力较差时,要勇敢靠近投篮队员,尽力组织和干扰其进攻。

2.防守主要技术

(1)防无球队员

①防接球

在对手无球时的防接球是首要任务,要有预测性,必须在对手接球前就开始防守并积极采取行动去限制或减少对手接球,特别是在有效攻击区内接球。即便是在处于被动的情况下,也要积极跟防、追堵,破坏对手顺利地接球,趁对手在调整攻击行动时,调整自己的位置。要始终保持对手和球在自己的视线范围之内,要做到人球兼顾,保持良好的防守姿势,屈膝降低身体重心,以便应变起动,要特别注意起动与移动步法的衔接和平衡的控制。在比赛中要形成"球—我—他"钝角三角形的有利防守形式。防接球时,丝毫不能放松对其摆脱或切入的警惕。

②防摆脱

防摆脱是防止无球进攻队员摆脱控制的一种技术方法。一般来说,进攻队员在后场的摆脱,主要是快下接球攻击,防守队员必须紧追不放堵截对手传球。比赛时要想完全控制进攻队员无球时的行动是很困难的,主要是不能失去防守队员有利的位置。如阵地进攻时,对手采取先下后上、先左后右的摆脱,即便是对手接到球,但还可以继续进行防守;内线队员向外移动,可以采取错位防守或利用绕步、攻击步抢前防守,近球一侧手臂干扰其接球,另一手臂则应伸出防其转身、背切等行动,目的就是尽力阻碍对手传接球。

③防切入

防切入是指对进攻队员企图切入或已摆脱切入的防守。防切入一定要"人球兼顾、防人为主",不可只盯球不盯人,一旦对手有所行动,必须采取平步堵截、凶狠顶挤、抢前等防守方法,使其不能及时起动或降低其速度。如果对手迎球方向切入,则主动堵前防守,背对球方向则防其后,目的是阻断对手接球路线。对手切入后只要没有获球,其威胁会大大降低。防反切是以后脚为轴快速向内侧转身,快速堵逼,抢占近球内侧位置,不让对手接球,并准备断球和打球。

(2)防守有球队员

进攻队员有球时,对防守队员来说是有威胁的,因此,必须尽可能地去阻挠和影响他的各种进攻技术的运用。

①防投篮

在对手投篮距离适中时,为防止其投篮应站在对手与球篮之间贴近对手的位置上,两脚前后斜立,屈膝直腰,前脚同侧手伸向对手瞄篮的球,并积极挥动,阻碍其投篮,重心略偏前脚,并稍微提踵,脚下要不停地前后碎步移动。另一臂侧张,以防其传球和保持自身平衡,以便随时变换防守动作。

在对手远距离投篮时,应在对手接到球的同时,迅速移动到适当距离的位置上;如果对手已接到球,而防守队员的距离较远时,防守队员就应积极挥摆前伸的手,同时积极移动脚步,逐渐接近对手,防止其接球后立即投篮。防守队员向前移动时要保持身体平衡,步幅不可太猛和过大,以免失去身体平衡,使对手获得突破的机会。如果投篮队员进行投篮时,或防守队员上步不及时,则应随对手的出球动作,迅速顺势起跳,单臂上伸封盖,影响其投篮的方向和出手的角度。

②防传球

持球队员在距离球篮较远时,主要目的是向中锋供球和转移球。防守时要根据其位置和视线,做出判断,控制其进攻性的传球。对手离篮较近时,主要防其突然传(分)球,应注意对手眼神和假动作,如眼向上看,球向下传;眼向右看,球向左传等。防守队员要精神集中,随球动而采取打、封、阻动作。打球时以肘关节为轴,前臂上下、左右迅速屈伸。必要时配合脚的动作,尽力破坏其传球。

③防运球

一般情况下,为了防止对手越过自己,切忌与对手距离太近,应保持一臂之间的距离,两臂侧下张,两腿弯曲,在积极移动中保持正确的防守姿势,准确判断,随时准备抢、打球。如果要使防守具有攻击性,也可以采用贴近对手的平步防守,以扩大防守范围,限制对手做动作。

④防突破

防突破根据持球对于离球篮的远近和其特点来选择适当的位置和距离。对手距球篮远,又善于突破时,防守队员应以防突破为主,抢占持球队员与球篮之间贴近对手的位置,做好防守姿势。

(二)防守技术教学步骤

首先要先学习对持球队员的防守。强调防守时的姿势、动作方法、防守距离适当,尤其是防守位置的选择。

其次要学习对无球队员的防守。对无球队员的防守要重点强调"人球兼顾"的防守原则,尤其是防守位置、距离的选择尤为重要。

最后向学生讲解抢球、打球、盖帽的动作方法与要点,掌握正确的动作方法。

(三)防守技术易犯错误与纠正

易犯错误一:防守时身体的基本姿势不正确,防守位置、距离选择不当,没根据对手动作采取相应动作。

纠正方法:通过反复讲解防守的基本理论和方法,使学生明确防守有球队员的基本要求与方法,建立正确的防守有球队员概念。分解示范给学生,让其看清防守位置和距离,不同的进攻行动选择不同的位置和运用不同的动作。

易犯错误二:防守时两臂下垂,两腿未能合理屈膝,身体重心高,不能及时移动、积极抢位和主动用力,或脚下移动步法混乱难以追堵,造成手臂犯规。

纠正方法:采用多媒体教学对学生的错误动作进行录像并播放,同时对比正确动作促其纠正。

易犯错误三:防守时身体各部位的基本姿势不正确,视野狭窄,或者只看人不看球,或者只看球不看人,不能做到人球兼顾,或移动步法混乱造成漏人或犯规,不能抢占正确防守位置。

纠正方法:让学生看一些高水平比赛中防守无球队员的正确站位方法的录像,强化正确防守位置概念。或者利用正确的选位方法做意念练习,纠正错误的站位。

(四)防守技术教学注意事项

注意学生积极防守意识的培养,强调防守时要始终全神贯注,一丝不苟。克服重攻轻守的思想。

在教学过程中,按照由简到繁、由易到难的原则,逐渐增加练习的难度和要求。

防守技术是全队防守的基础,无论是防守无球队员还是防守有球队员都很重要。在教学训练时,要正确示范防守的位置、距离、姿势和步法,使学生建立明确的概念。

二、防守技术训练

第一,防投切选位练习。两人一组,进攻队员原地只做投切结合动作。防守队员快速移动脚步动作,及时调整重心、步法,做好防投防突的选位练习。

两人一组,进攻队员在离篮6米左右,防守队员传球给进攻队员后立即对他进行防守。进攻队员则利用投突结合动作来进攻。练习一定次数或防守成功一定次数后,攻守双方交换。

3人一组,两人相距1米,中间一人持球向两侧摆动,两侧无球队员根据球的部位,及时抢球。然后持球队员逐步改做转身跨步和摆脱护球动作,另两名队员伺机抢球。完成一定次数后,攻守交换。

第二,抢地滚球。队员在端线两侧站二列横队,面相对。教练员在端线中点向场内抛球,左右对应的两个队员快速冲向球,抢到球的队员向对面篮进攻,未抢到球的队员进行防守。

第三,抢篮板球下落时的打球。两人一组站在篮下,一人将球抛向篮板,另一人跳起抢篮板球。当得球下落转身时,投球人立刻打球。两人轮流进行练习。

第四,正面打运球队员的球。在半场或全场一攻一守的练习中,防守队员紧紧跟随运球队员。当球刚从地面弹起时,突然打球,两人轮流攻守练习。

两人一组,进攻队员运球上篮,防守队员追防,当他起步投篮时,在球出手的一刹那,防守队员随之在其侧方将球打落。两人轮流练习。

第六章　现代篮球战术教学与训练

篮球战术是在比赛中队员之间有策略、有组织、有意识地协同运用技术进行攻守对抗的布阵行动,是以篮球技术为基础,在战术指导思想和战术意识支配下的集体攻守方法。篮球战术的核心包含了人、球移动的路线,技术方法的选择与组合,动作时间与攻击区等具体内容,从而表现为队员的个人攻守行动、队员间的配合行动及全队队员的整体行动配合上。

篮球战术教学与训练是篮球专项课程的重要组成部分,是为篮球比赛进行战术准备过程,其目的是使之在比赛中能有效和有组织地进行攻守对抗,争取比赛的胜利。

第一节　战术基础配合

篮球战术基础配合是全队战术的基础。在比赛中,攻守双方为了在对抗中达到制约和战胜对方的目的,都要采用各种不同形式的全队战术行动,而这些全队攻守战术都是由一系列不同形式的战术基础配合的集合所构建的。战术基础配合也是技术与战术相互联系的纽带,是技术运用的重要组织形式。在比赛中,许多攻防技术的组合和运用都是以战术基础配合的形式来体现的。

因此,在篮球课中,加强篮球战术基础配合的教学与训练,不仅有利于学生更好地学习与掌握各种全队战术配合,同时对增强学生的篮球意识与战术素养,发展学生机动灵活的攻防能力都具有重要的意义。篮球战术基础配合包括进攻战术基础配合和防守战术基础配合两个部分。

一、进攻战术基础配合

(一)进攻战术基础配合概述

进攻战术基础配合是进攻队员二三人之间为了创造攻击机会,合理地运用各种进攻技术在局部区域而组成的配合方法。

进攻基础配合可分为传切、策应、掩护和突分四种。这些配合方法的运用,在比赛中具有双重功能,它们既可作为独立的战术手段在比赛中随机地运用在进攻过程中,同时也可作为全队整体进攻战术构成的基本要素,在进攻中具有重要的特殊地位。这些配合方法既可以在两后卫队员之间或两前锋队员之间进行,也可以在前锋与后卫、前锋或后卫与中锋之间进行配合。在运用中具有发动突然、方法简练、不限区域、配合时间短、灵活机动的特点。但由于结构简单,就某一单个配合方法来讲,配合中的变化相对有限,因此,全面掌握各种进攻战术基础配合方法,把它们有机地结合起来运用,才能最大限度地发挥进攻战术基础配合的作用。

进攻基础配合一般是由二三名进攻队员参与组织的。从配合形式来看,往往是由持球队员与一两名无球进攻队员之间不同技术运用的具体过程所构成,也可在无球队员之间组织进行(如无球队员之间的掩护配合)。其配合的实质,可以说是持球队员的技术运用与无球队员的技术运用的组合,通过这种组合去创造或寻求攻击的机会。

由于进攻战术基础配合是进攻队员在比赛过程中瞬间捕捉或利用出现的进攻机会的一种随机进攻行为,进攻基础配合的运用在很大程度上与队员对运用时机的准确把握相关。

进攻基础配合运用时机的把握、运用的效果,取决于运动员的意识和个人的技术能力,以及对时间和空间关系的准确把握。现代篮球比赛由于防守的积极性、攻击性、贴身紧逼能力的不断加强,在进攻中,单纯依靠个人能力摆脱对手,接球或展开攻击已经是十分困难的,在很多时候必须借助同伴的协助寻找机会,同伴间的协作配合尤为重要。所以说,进攻基础配合的熟练运用也是进攻队员战术素养、配合能力、临场应变技艺的综合体现,而且对培养队员的配合意识、移动摆脱技巧、战术思维习惯、保证个人特长和全队技战术特点的发挥也有重要的意义。

(二)进攻战术基础配合的教学

1. 教学建议

(1)战术基础配合的教学,应安排在攻守技术教学之后进行。在教学中,应先组织进攻战术基础配合的教学。在复习进攻基础配合内容的同时,组织防守基础配合内容的学习,使防守战术基础配合的教学更具有针对性,为学习全队整体战术配合打好基础。

(2)组织进攻基础配合的教学时,应遵循战术教学的步骤,首先通过讲解与示范,使学生了解配合的概念、运用时机、配合方法和要求。重点分析配合时机的捕捉和利用、配合条件的选择以及队员之间配合动作的协同和应变等。使学生建立战术配合的完整概念,再通过练习掌握配合的人、球移动路线、配合时间等配合方法。在此基础上进一步学习配合的变化,以及在对抗与比赛情况下提高配合的运用能力。

(3)在教学中应抓住重点内容进行改进提高,以点带面。传切配合应强调如何摆脱对手及传球技术的运用,重点抓正面(纵切)和侧面(横切)的配合;突分配合重点掌握突破分球的时机、传球方法及切入队员的路线;掩护配合中应重点抓侧掩护配合,强调掩护动作、位置、距离、角度等因素以及掩护后转身和移动路线;策应配合重点抓中锋的策应配合,强调中锋策应技术的运用以及外线队员与中锋的配合方法。

2. 教学组织

进攻战术基础配合的教学内容主要有:传切配合、掩护配合、策应配合。在教学组织时应遵循进攻战术基础配合的教学安排顺序,合理地组织好教材内容,使学生更好地掌握各种配合方法。

(1)传切配合的教学

传切配合是持球队员和无球队员之间通过传球和切入所构成的一种进攻配合形式。配合方法主要有一传一切和空切两种。

(2)掩护配合的教学

掩护主要有侧掩护、后掩护、前掩护三种不同形式;在教学与运用中又可分为给有球队员的掩护和给无球队员的掩护。

(3)策应配合的教学

策应配合根据策应的位置可分为内策应与外策应(也称低策应和高策应)。

(三)进攻基础配合战术的训练

1.进攻战术基础配合训练要点

(1)在训练中,应重视配合意识的培养,提高协作精神和配合能力。强调配合的节奏与变化,根据队员的训练水平与训练任务,逐步提高训练要求,不断提高队员的应变能力。

(2)在训练中,应根据战术配合方法的技术要求,狠抓基本技术,如移动摆脱、假动作、传接球、持球突破、投篮技术等,注意增加练习的数量,提高练习质量。重视配合技术的练习,不断提高队员配合技术的运用能力。

(3)在训练中,应重视假动作与变化能力的训练、强调配合时机、配合意识、配合能力和应变能力的训练与提高。

(4)应狠抓困难条件下的练习与提高,把进攻战术基础配合与全队进攻战术有机地结合起来,通过教学比赛来巩固,提高配合的质量。

(5)练习方法要从教学对象的实际情况和实战需要出发,注意根据教学对象的具体条件和特点进行训练。任何一个练习方法都要考虑时机、方向、地点、条件、动作和变化以及突然性、合理性等诸因素。

2.进攻基础配合战术训练方法

(1)传切配合的练习

传切配合是学习与掌握其他战术基础配合方法的基础,具有配合简洁、突然、攻击性强的特点。在训练中,要求切入队员要根据临场情况掌握切入时机,将假动作与速度结合,快速摆脱防守,传球队员要利用瞄篮、突破、运球或假动作吸引、牵制对手,及时准确地将球传给同伴。传切配合的训练还应加强与其他配合的结合,提高队员运用传切配合的应变能力。

(2)掩护配合的练习

掩护配合的形式和方法很多,通常从组成掩护配合的行动看,一是掩护者主动给同伴做掩护,使同伴借以摆脱防守。二是摆脱者主动移动,利用同伴的身体位置将对手挡住,使自己摆脱防守。掩护时,要强调掩护配合的时机、移动路线,被掩护的队员要隐蔽行动意图与方向,运用假动作吸引对手。同时,加强掩护配合应变能力的训练。

3. 策应配合的练习

策应配合练习时,要求策应队员应积极抢占有利位置,接球时两脚开立,用身体和躯干将对手挡在背后,两手持球于胸前,两肘外展,注意保护好球。接球后,随时观察场上情况,判断好主攻与助攻的时机,处理好内外结合的关系。在策应时要用转身、跨步、假动作及时调整策应的方向和位置,以便协助同伴摆脱防守,增加策应的变化与成功率。

4. 突分配合的练习

突分配合方法主要有两种:一是运用突破压缩对方守区,传球给外围队员投篮。二是突破后传球给空插队员或中锋投篮。进行突分配合的训练时,强调突破时重心下降,侧肩护球,动作要突然、快速而有力,突破中随时观察场上攻守队员行动和位置的变化,既要做好投篮的准备,又要及时、准确地传球给摆脱后处于空位的同伴。其他同伴员要把握时机,及时摆脱对手,迅速抢占有利位置接球攻击。

二、防守战术基础配合

(一)防守战术基础配合概述

防守战术基础配合是为了破坏对方的进攻配合,或当同伴防守出现困难时,及时地给予协助,相互合作共同完成防守任务的配合方法,防守基础配合是组成全队防守战术的基础。

防守基础配合是在局部区域上展开的防守配合行动,是由二三人参与的一种对进攻队员的各种进攻行动所实施的一种协同的控制和制约,具有小组配合的性质。

现代篮球比赛中变化最为突出的是防守技术和战术的发展。防守技术的发展又很大程度上依赖于防守配合的提高。在现代篮球比赛中防守更加凶狠、拼抢更加积极、对抗更加激烈,这些发展的前提是防守配合的

第六章　现代篮球战术教学与训练

大量使用。比赛中可以随时看到协防、补防、关门和夹击。运动员熟练地运用这些配合来破坏和制约对方的有效进攻，甚至使进攻频频出现错误，防守基础配合在篮球比赛中的作用越来越显重要。

防守配合是同伴间积极合作，为争取主动，破坏对方进攻配合的协同防守行动。随着现代篮球个人攻击能力日益加强，在比赛中单靠一对一防住对手已经是非常困难的事情，进攻队员之间频繁地配合，给防守造成巨大的压力。必须靠同伴间的协同行动，才能有效地制约对方。防守战术基础配合又是整体防守战术的基础，它对培养队员观察判断能力、增强配合意识、变被动为主动、提高整体防守质量有重要作用。

防守基础配合的攻击性在于积极主动的破坏对方的习惯配合，最大限度地控制对方队员的活动和队员之间的联系。防守基础配合的质量好坏，取决于个人防守能力和协同防守的意识。

从全队整体防守的角度来看，防守战术基础配合虽然参与具体配合行动的是二三名防守队员，但实际上，防守在局部对持球进攻队员的进攻行动进行各种防守配合行动的同时，在其他区域上的防守队员也要进行一些相应的轮转换位和位置的调整行动，以控制无球区进攻队员的各种行动。所以从严格意义上讲，任何一种防守战术基础配合的运用，都是一种全队的防守行动，是局部对球的控制和对无球进攻队员及无球区域的控制的一种统一，这也是防守战术基础配合的特殊性所在。

(二)防守战术基础配合的教学

1. 教学建议

(1)在防守基础配合的教学与训练中要严格要求，在提高个人防守能力的基础上掌握防守基础配合的方法。注意配合中位置的选择与调整，时间要合理及时。

(2)根据课程计划，可把挤过配合、穿过配合和交换配合作为主要教学内容，夹击配合和关门配合与补防配合作为一般教学内容，其他教材内容可根据教学安排，作为学生的自学内容。

(3)防守基础配合的重点应首先抓好"关门""挤过"、交换防守等配合。在进行的防守战术基础配合教学时，应先从配合的动作方法、移动路线以及防止对手移动摆脱防守接球等各种练习开始,然后再进行两三人配合的练习。

(4)在组织防守基础配合的教学时,要与进攻基础配合结合起来进行练习,由固定到变化,由消极到积极,由局部到全部,由个体到整体,逐步提高防守基础配合的运用能力,并将不同的防守基础配合有机地结合起来进行练习,增强队员的配合意识和应变能力。

2.教学组织

防守战术基础配合的教学组织与安排,可先学习挤过配合,然后再教补防、"关门"配合,最后教交换、穿过、绕过配合与夹击配合等,也可根据课程计划安排与教学实际需要进行适当的调整。

(1)挤过、穿过、绕过配合的教学。挤过、穿过、绕过配合是用于破坏对手掩护配合的积极有效的方法之一。其共同特点是,配合前后始终保持防守对手不变。在教学中应抓住这一配合特点,使学生正确掌握各自不同的配合方法,明确配合要求,强调运用时机,提高运用效果。

(2)交换配合的教学。交换防守配合是对付进攻队员掩护配合时所采用的一种防守配合方法。通常运用于被掩护队员不能迅速地运用挤过或穿过配合时,防守掩护的队员通过及时的喊话呼应,及时交换各自的防守对手,以达到破坏对方切入或摆脱行动。

(3)"关门"配合的教学。关门配合是临近的两名防守队员协同防守突破的配合方法。当进攻队员运球突破时,防守突破的队员向侧后方移动挡住其移动路线,临近突破一侧的防守队员,应及时快速向突破队员的前进方向移动,与突破的队员靠拢,像两扇门一样地关起来,堵住突破者的前进路线。

(4)补防配合的教学。补防配合是两名防守队员之间的一种协同配合方法。当同伴被突破时,临近的防守队员立即放弃自己的对手,去补防那个威胁最大的进攻者,漏人的防守队员则要及时换防。

(5)夹击配合的教学。夹击配合是指防守队员利用或迫使对手运球停止时,突然快速上前与同伴一起限制对手的活动或封堵传球的一种配合方法,该配合具有较强的攻击性,常在紧逼人盯人战术和带有夹击式的联防防守时运用。

(三)防守战术基础配合的训练

1. 战术基础配合训练要点

(1)在复习提高进攻战术基础配合的过程中,有意识地组织防守战术基础配合的训练内容,促进攻守战术配合的有机结合。

(2)在训练中,重视队员防守基础配合的意识培养。在教不同的防守战术基础配合时,要使学生了解完成配合的不同环节、配合条件、地点、时机、技术动作及队员之间的协同配合动作和应变方法等。

(3)在训练中,应重点抓好"关门""挤过"、交换防守等配合。可先从配合技术和移动路线以及移动中摆脱防守接球等各种练习开始,然后进行两三人配合的完整练习。

(4)要重视与加强防守配合技术的训练,如挤过的跨步、穿过的后撤抢步、夹击的身体动作与手的动作、关门时的侧跨步抢位等。严格技术规格、强调技术动作的力度与动作幅度,提高完成动作的速度。

(5)练习中要选择典型实例作为重点练习内容。配合人数先两人后三人的配合。由原地到行进,最后攻守结合。进行对抗性的训练时,从消极逐渐过渡到积极,最后在近似比赛或教学比赛中,通过比赛对抗,逐步提高防守的配合质量。

2. 战术基础配合训练

(1)挤过的动作练习。

(2)穿过配合的辅助练习。

(3)防守运球掩护的挤过与穿过动作练习。

(4)防守无球掩护时的挤过、穿过与绕过和交换防守配合练习。

(5)防守掩护的两人配合练习。

(6)半场防守掩护后运球突破练习。

(7)半场二对二交换防守配合练习。

(8)防守掩护配合的综合练习。

(9)全场二对二交换防守的配合练习。

(10)围夹中锋的练习。

(11)防守突破的关门配合练习。

(12)三人轮转补防练习。

(13)二人补防练习。

第二节 快攻与防守快攻

快攻与防守快攻是现代篮球比赛攻防战术体系的重要组成部分,也是全队战术组织不可缺少的一部分。在比赛中,快攻与防守快攻的成功运用,不仅能快速增加本队得分,或抑制对方的得分,还能大大地提高本队的士气,增强必胜的信心。快攻与防守快攻能力的增强,对提高队员快速技术的熟练程度和运用能力,增强队员攻守转换意识也有积极的作用。当前,各级篮球队都把快攻与防守快攻战术作为全队战术训练的基本内容,同样也是篮球教学的重点内容,通过对快攻与防守快攻的教学,力求使学生熟悉并深入理解快攻与防快攻的基本理论,掌握其战术组织的方法和基本要求,并能在实战中运用及创新。

一、快攻战术

(一)快攻战术概述

快攻是指在由守转攻时,攻方获球后以最快的速度,在最短的时间内组织快速攻击,力争获得人数、位置、时间、空间的优势与主动,快速果断完成攻击所采取一种特殊的战术形式;具有发动突然,攻击迅速,成功率高、不确定性的特点。快攻战术的核心是,争取时间,创造战机,速战速决。在比赛中,充分发挥快攻的威力,不仅能破坏对方固有的防守体系,增加更多的得分机会,给防守造成很大的压力,并能增强本队的信心和勇气,争取场上的主动权,收到良好的进攻效果。

根据快攻的战术结构,快攻战术的组织形式主要有,长传快攻与短传结合运球突破快攻和个人突破快攻等方法。在比赛中,当抢获后场篮板球时;抢、打、断球时;跳球后获球时;以及掷后场端线界外球时等情况下都是发动快攻的时机。其中,抢断球快攻是发动快攻的最好时机,也是快攻成功率最高的一种战术方法。抢获后场篮板球是发动快攻的主要来源，在很大程度上直接决定一个队快攻战术组织的数量，对快攻的质量也有直接影响。

长传快攻是指在防守队员在后场获球后，通过一次或两次传球，直接将球传给快下的进攻同伴直接攻击的一种快攻形式，其特点是：突然性强、进攻时间短、速度快、战术组织简单，一旦发动不易防守，是一种成功率较高的快攻战术形式。但要求快下队员意识强、速度快，发动队员传球要及时、准确，视野开阔。长传快攻从战术结构上分为发动和结束两个阶段。由于长传快攻结构相对简单，也同时决定了它在战术上所具有的弱点和缺陷，攻击力相对单薄，直接参与快攻的人数少、结构简单，攻击阶段缺乏战术上的变化。长传快攻的配合形式主要有：抢篮板球后的长传快攻；掷后场端线界外球的长传快攻；断球后的长传快攻。从技术层面上来看，长传快攻的配合主要体现在快速条件下队员的传球和接球的准确配合。

短传结合运球突破快攻是快攻战术运用的主要组织形式，是当防守队获球后，通过快速的传球或运球突破结合短距离的传球，迅速地将球推进到前场，快速地形成合理的攻击队形所展开攻击的一种快攻方式。这种快攻具有灵活、机动、多变的优点，参加配合的人数多，容易造成以多打少的局面。它也经常与运球突破结合运用。

短传结合运球突破快攻与长传快攻相较，在战术结构上较为复杂，一般包括，发动与接应、快攻的推进、快攻的结束三个阶段。发动与接应是快攻组织的重要环节，特别是由守转攻后，队形的分散和一传的速度非常重要。快攻的发动是指队员获球后的第一行动，它是快攻战术能否展开的首要环节，也是快攻组织的关键。快攻接应是指在快攻时，进攻队员及时快速地选择有利位置接第一次传球的配合方法。接应是快攻战术的重要环节。接应的方法包括固定接应和机动接应两种方法。固定接应又有固定区域固定队员的接应，固定区域不固定队员的接应，固定队员不固定区域的接应等形式。快攻的推进阶段，指快攻发动与接应后，至快攻结束前中场配合的阶段。在此阶段快下队员应保持前后左右的纵深队形，以快速完成推进。推进形式有传球、运球以及传球与运球突破结合推进。快攻结束阶段是指,快攻推进到前场完成最后攻击阶段的配合,它是快攻成功与否的关键。快攻结束阶段的配合方法主要有以多打少、人数相等等多种形式。

个人突破快攻是指队员抢断球或抢篮板球后,抓住战机,快速超越对手直接运球突破到篮下展开攻击得分的一种快攻形式。它具有突然性强、方法简练、机动多变的特点。要求队员具备强烈的快攻意识、顽强的敢打敢拼的比赛作风、高超的个人突破技术与强攻得分能力。

(二)快攻战术的教学

快攻是全队进攻战术的主要内容,也是比赛中全队战术运用的首选战术方法。因此,一般应安排在攻、防战术基础配合之后进行教学。

快攻的战术教学步骤可采取完整地讲解与示范;分解(段)进行发动与接应、推进与投篮训练;先掌握结束段的配合方法,即以多打少、后人数相等和以少打多的配合;然后在学习快攻的发动与接应,最后组织全队完整快攻配合的练习,并逐渐增加防守和对抗难度;在比赛实践中运用提高的程序组织教学。

教学中应先教长传快攻,再教短传结合运球快攻;先教快攻的发动与接应,再教快攻的结束段,最后学习快攻推进与全队配合。

快攻战术教学应先在固定形式下练习快攻的基本方法,逐步过渡到机动情况下练习,先从无防守再过渡到消极防守,直至在积极防守情况下进行练习。

全队快攻战术配合可先教抢篮板球后的快攻,再教断球快攻、掷界外球快攻;可先从区域联防发动快攻开始,然后在人盯人防守情况下进行,最后在接近比赛形式下进行。

快攻教学应以抢后场篮板球发动快攻、短传与运球结合的推进、以多打少的结束段为教学的重点。

(三)快攻战术的训练

1.快攻战术训练要点

(1)树立快攻新观念:在快攻战术训练中要清楚了解现代快攻的特

点,明确和掌握当前世界强队快攻发动及组织形式的特点,确立以快速技术为基础的快攻观念。

(2)结合当前快攻战术的发展特点和本队的实际情况,设计本队的快攻战术体系。

(3)快攻战术的训练中,要反复强化快攻意识的培养,把战术训练与技术、身体素质训练和思想作风的培养等紧密结合。

(4)在训练中要突出重点,对接应分散、快下、跟进以及跑动路线和前后层次等要有明确要求;重点抓好中路推进的分球与突破,加快推进速度;结束阶段要抓好三攻二和二攻一等配合,提高快攻的质量与成功率。

(5)在掌握快攻战术方法的基础上,强调提高全队的攻守转换速度,做到队形分散快,快下队员跑动快,后线队员跟进快。

(6)培养快攻欲望,突出快速风格:培养运动员快攻的"强烈"愿望,首先在跑动速度和运、传、投各个环节上突出一个"快"字,确立快速风格的指导思想,并统一到教练员所制定总体计划上。从思想、作风、体能和技术上都突出快速风格,上下一致,全力以赴,落实训练。

(7)从比赛的实际出发,强化快速风格,快攻风格的重要基础是快速技术和快攻战术意识,需要在多年的训练中逐步养成。教练员要在训练和比赛中要利用一切可能的机会耐心进行培养。抓住每一次训练和每一次快攻的机会进行磨炼,反复强化。

(8)提高快速技术一定要同时提高队员的反应速度、起动速度、位移速度和动作速度,只有在每个环节上突出快,才能达到训练的效果。因此,教练员必须要求运动员每一个练习、每一场比赛都要全力以赴,尽最大的力气,在高速度、高强度对抗中完成。

(9)训练方法的选用,对有一定训练水平的队员可重点加强一对一和二对二的快速技术训练、结合守转攻和阵地进攻战术组织训练;加强比赛训练法的运用。可运用"加分""扣分"等特殊规定激励运动员,增强快速意识和快速技术。

(10)在教学与训练中,应把快攻与防快攻结合训练;把快攻训练与阵地进攻战术衔接阶段的训练相结合。

2.快攻战术训练方法

(1)快攻的快速技术训练

快速技术是组织快攻战术的基础,也是影响快攻战术质量的重要因素。无论是在快攻战术教学或快攻战术的训练中都应重视和加强队员快速技术的训练,这也是篮球快攻训练的重要内容,对全面发展队员的竞技能力具有积极的意义,快速技术的训练要强调以最快的速度完成技术动作,并达到熟练、自如、实用、准确。并把快攻意识的培养与技术、身体素质的训练和思想作风的培养等紧密结合。

(2)长传快攻的练习

①全场接长传球上篮的练习。

②全场长传快攻的配合技术练习。

③防守下的长传快攻练习。

④结合防守的长传快攻练习。

(3)短传结合运球快攻的接应与推进练习

①抢篮板球一传接应的练习。

②连续插边接应运传球练习。

③抢篮板球一传接应的练习。

④二对二抢篮板球转快攻一传的结合练习。

⑤全场练习接应传球推进上篮的练习。

(4)快攻结束段以多打少的练习

①半场二打一的练习。

②半场三打二的练习。

③全场二打一的连续转换练习。

④结合抢篮板球后的全场二打一练习。

⑤全场快攻三打三的练习。

⑥三人转换快攻二攻一的练习。

⑦全场三人二打一的练习。

⑧快攻结束段二打一转三打二的练习。

⑨半场二对二转全场追防快攻反击的练习。

⑩全场传接球上篮转换成三人快攻的练习。

(5)全队整体快攻的练习

①全场五人快攻的完整练习。

②由守转攻全场五人快攻练习。

二、防守快攻战术

(一)防守快攻战术概述

防守快攻是由攻转守的瞬间,全队有组织、有针对性地阻止和破坏对方快攻的防守战术方法。它是全队防守战术体系的组成部分。

现代篮球比赛速度不断加快,快攻意识增强,攻守速度加快,快攻得分比重增大。因此,正确地掌握和积极运用防守快攻战术在比赛中尤为重要。防守快攻战术是在积极防守的思想指导下,强调整体布防,队员各司其职,行动一致,积极主动地从不同位置上全面追堵,阻止与破坏对方快攻。防守快攻战术的运用,不仅能制约对方的进攻速度,有利于控制比赛节奏,也为本队按计划有效的组织防守阵势争取时间。

防守快攻首先要在进攻时尽量减少失误与违例,不给对方偷袭快攻的机会,同时要掌握好投篮时机,布置队员积极拼抢篮板球和退守,注意攻守平衡。进攻投篮后,立即积极组织拼抢前场篮板球,既可能获得再次进攻的机会,同时也有利于立即转入封堵对方第一传的防守。

一旦对方抢到篮板球或掷界外球时,要防止对方长传偷袭快攻。积极进行堵截、夹击与控制,破坏和干扰其传球或突破,力争制止对方发动快攻。这也是防守快攻战术配合的关键。

防守快攻战术的实施,是通过封堵对方第一传,阻截接应队员,干扰其向接应区移动,抢占其习惯的接应点;积极追防快下队员和在中场堵截、干扰,阻挠对方使其不能顺利地传球和运球,延缓快攻速度而达到破坏对方快攻的目的。在防守中,力争防守人数上均等,既以少防多,则也要求做到沉着冷静、机智果断、大胆出击,赢得时间上和人数上的均衡。对对方在任何位置上的投篮,都要积极进行干扰和封盖,影响其命中率,并要积极拼抢篮板球。

快攻防守战术的运用相对于阵地防守而言,难度较大,特别是防守抢断球发动的快攻。防守快攻的运用更强调全队强烈的快攻防守的意识,快速有序的集体战术组织,其全队战术行动是通过在不同区域和不同时段同步展开的。从防守快攻的战术环节来讲,最为关键的是攻守转换的瞬间对持球进攻队员一传的封堵或运球突破过程中突破路线的卡堵,最大限度地限制其一传和推进的速度。同时,要求其他队员的快速退守,退守过程,边退边防。参与退守的人越多,退守的速度越快,对于快攻防守的效果也就越好。

(二)防守快攻战术的教学

防守快攻战术的教学要与队员的由攻转守快速转换意识的培养结合起来,与快攻战术教学结合进行,一般应先组织快攻战术的教学,之后再进行防守快攻的战术教学,以有利于队员正确掌握其战术配合方法,促进攻守质量的提高。

在防守快攻战术教学的初学阶段,首先应把防守快攻的方法与基本要求讲述清楚,使学生对防守快攻有初步了解,能合理地使用防守技术。

防守快攻教学应采用分解法,把堵截快攻第一传与接应,防守对方推进,防守结束阶段分别进行教学,在掌握各阶段的防守方法基础上,再进行整体防守战术的教学。应注意由易到难逐步增加进攻难度;在比赛实践中运用提高。

(三)防守快攻战术的训练

1. 防守快攻战术训练要点

(1)在训练中,不断强化快速攻守转换意识:把拼抢前场篮板球与积极退守紧密衔接结合,做到反应快、起动快、全场领(追)防,多人退守,紧逼控球队员,积极封扰抢断,尽量避免以少防多的局面发生。

(2)防守快攻的训练应与比赛作风的培养紧密结合;树立和磨炼坚韧不拔的意志品质和顽强拼搏的作风,反复跑动,积极干扰,永不言弃,再坚持一下的努力之中,力争主动。

(3)防守快攻训练要与快攻训练密切结合:防守总是以快攻为对象在对抗中进行的,针对快攻在各个环节的运动规律,在对抗中相互促进,及时提高攻、防能力。

(4)防守快攻战术的训练,应针对快攻特点组织模拟防守重复训练、在组织快攻练习的情况引导下进行一防一、二防二和三防三的防守快攻的技术训练、结合由守转攻和阵地进攻战术训练、有针对性地组织比赛训练。

(5)通过教学竞赛,不断提高防守快攻的质量,促进防守快攻战术能力的提高。在防守快攻的教学训练中,应始终注意培养学生防守快攻的意识,加强队员的专项身体素质的训练。

(6)采用五人防快攻训练时,要提高集体防守的攻击性和控制对方进攻速度的能力,以及攻守转换速度。①

2.防守快攻战术的训练方法

(1)抢篮板球与封堵一传与接应的练习

拼抢前场篮板球是破坏对方快攻战术组织最有效的方法;封堵一传与接应则是破坏对方快攻发动的关键,它们是防守快攻战术方法的基本内容,在训练中必须给予重视,并可结合加以训练。在训练中,应狠抓战术意识与拼抢能力,强化由攻转守时对球的控制、干扰与破坏一传与接应的能力的提高,把强化意识与行动转化结合起来。

(2)防守快攻推进与结束段的练习

在防守快攻推进与结束段的练习中,应抓好队员的快下意识,强调快

---

① 蒙可斌.论提高篮球比赛攻守转换速度[J].体育世界(学术版),2012(2):91—92.

下速度，重点提高队员以少防多的能力。

第三节　攻防人盯人战术

人盯人防守战术与进攻人盯人防守战术是篮球全队战术体系的重要组成部分，也是篮球比赛中运用最多的一类全队攻守战术方法，一直都备受各级篮球队的重视，它是篮球战术教学与训练的主要内容。

一、人盯人防守战术

(一)人盯人防守战术概述

人盯人防守是以盯人为主，每名防守队员严密盯防自己的进攻对手，兼顾球的位置和所在的防区，做到人、球、区兼顾，并与同伴协同配合而实现全队防守任务与目的的一种全队防守战术方法，是篮球全队战术体系的重要组成部分。人盯人防守战术也是现代篮球比赛中运用最多，最重要的战术方法之一。

人盯人防守战术可分为半场人盯人防守战术和全场紧逼人盯人防守战术两大系统。这两种战术体系具有各自的战术配合方法，但防守的侧重点，都是以人的控制为重点，兼顾球和区的控制。两种战术系统的主要区别在于对人的控制范围，一个是在全场范围展开的人盯人防守，而一个则是退回到本方后场，在半场范围内展开的人盯人防守。人盯人具有相对固定的防守对象，在防守过程中主要是以对自己所防守对象的控制为主。不论是防守持球的进攻队员，还是防守无球的进攻队员，首要的前提是必须尽最大努力严密控制自己所防进攻队员的各种进攻行动。人盯人防守战术体系，在对具体的防守对象的控制过程中，防守有球和防守无球之间、不同的防守区域之间强调相互紧密联系，以防人为中心，结合对球和无球的各种有威胁的移动和攻方各种进攻配合行动的综合控制和破坏，共同形成一套严密的整体防守体系。人盯人防守的优点是分工明确，

第六章　现代篮球战术教学与训练

能发挥队员防守的积极性和提高防守的责任感；针对性强，能根据彼我双方特点分配防守任务，机动灵活的调整防守部署，控制对方的进攻重点。它的主要缺点是易被对方在局部地区各个击破。

半场人盯人防守战术，是指球队在前场进攻时投篮的球中篮或进攻违例或犯规等失去球权后，放弃前场的防守，迅速退回后场，每名队员负责以盯防分工的防守对手为主，兼顾对球和区的控制，与同伴协同配合所进行的一种防守战术。它是人盯人防守战术体系中最具代表性和运用最普及、实用性最强的一种防守战术方法，也是篮球运动中最基础的全队防守战术。这种战术分工明确，责任到位，针对性强，便于队员掌握。它能有效地控制对方进攻时的习惯打法，充分发挥队员的个人防守能力，调动个人防守的积极性。比赛中，防守队员可根据人、球、区的不同位置及其他同伴和对手情况，随时调整防守位置，使自己始终处在最佳的防守位置上，并合理运用防守战术基础配合与同伴构成一个整体防守系统。

根据防守的范围和防守的重点，半场人盯人防守可分为半场扩大人盯人防守和半场缩小人盯人防守两种。半场扩大人盯人是一种带有紧逼性的防守方法，主要以争夺球为目的，封堵、切断对方的传球路线，阻止三分投篮。防守的范围一般在 8～10 米，力求有效遏制对方的外线进攻，打乱对方的行动计划。同时，半场扩大人盯人也用于加强外线防守，切断内外线之间的联系，使进攻中锋没有获得球的机会，破坏对方内外结合的习惯打法，造成对方心理的紧张，并及时组织夹击控球队员，迫使其传球失误，为抢、断球发动快攻创造机会。

半场缩小人盯人防守是一种相对较松动性的防守方法，重点是加强对进攻队内线队员的防守，防守的范围一般在 6～7 米，是以加强内线防守，控制限制区附近为目的的针对性极强的防守方法，有利于保护篮下。对以外线突破和内线进攻为主的球队防守效果明显，可以有效地抑制其进攻的节奏。同时，非常有利于控制防守篮板球，为发动快攻创造条件。

全场人盯人防守战术，是指在由攻转守的过程中，守方以最快的速度,在全场范围内找到每一名防守队员具体分工防守一名进攻队员,并在防守过程中根据球和攻方无球队员的各种变化,通过各防守队员之间和各防守区域之间紧密、协调配合,在全场范围内综合、全面地对攻方的各种进攻行动进行积极主动的控制和制约的一种整体的防守战术。具有运用突然,气势强悍,加强前场和中场的争夺,防守的攻击性较强。由于全场人盯人防守战术在战术结构上的一些特殊要求和战术系统在功能上所显现出的一些特点,也将全场人盯人防守战术称为全场紧逼人盯人防守战术。

人盯人防守也有它自身的弱点和战术上的缺陷,主要表现为防守的队形相对分散,防守的位置和区域的变化较大,进而给整体的协防带来一定的难度,容易被进攻队在弱点位置和区域上击破。

随着现代篮球运动的发展,人盯人防守战术方法与战术理念都得到了很大的发展。战术内容更加丰富,防守的攻击性和破坏性得到加强,各级球队都把它作为重要的战术方法和手段在训练和比赛中加以运用。从当今世界篮球比赛来看,尽管综合防守的趋势有所发展,半场人盯人防守依然是各队的主要防守阵式。

(二)人盯人防守战术的教学

人盯人防守战术的教学,应以半场人盯人防守为主。组织半场人盯人防守战术教学,应从个人脚步动作、防守技术运用及防守战术基础配合抓起,在此基础上进行全队防守战术配合的教学。

1. 教学方法

可运用录像、战术沙盘、图表或黑板等手段,对人盯人防守战术方法、战术原则进行讲解、演示,使学生建立完整战术概念,明确战术方法和战术运用的基本要求。

教学的顺序应为:先教半场缩小人盯人防守战术,再教半场扩大人盯人防守战术,再进行全场人盯人防守的教学。

半场人盯人防守的教学,应先学习局部防守战术配合,即先教强侧的

第六章　现代篮球战术教学与训练

防守配合,再进行弱侧防守配合的教学,然后进行全队整体防守配合练习。

全场人盯人防守应安排在半场人盯人防守教学之后进行,与进攻全场紧逼人盯人防守教学结合起来。

全场人盯人防守应重点学习前场和半场的紧逼防守方法,先进行二三人配合练习,后进行全队战术配合练习。

2.教学组织

人盯人防守战术的教学组织,主要包括半场人盯人防守与前场人盯人防守两部分。

(三)人盯人防守战术的训练

1.人盯人防守战术训练要点

(1)在训练中,积极贯彻以防"球"为主的防守原则。严防对手,对持球队员采用平步近身或贴身紧逼防守,扩大防守面积,封盖投篮,干扰传球,堵截运球,及时追防。

(2)半场人盯人防守训练的重点强调以盯人为主,人球兼顾,注重协防。在盯人时要根据球在场上的位置,随时调整防守对手的位置、距离。

(3)在训练中,强调对无球人的防守采用"错位"抢前防守,做到人、球、区兼顾。根据对手距球的远近抢占有利的位置,控制对手接球,堵截其向球移动和空切篮下的路线,积极破坏无球队员的配合行动,减少进攻队员获得接球的机会。

(4)在抓好个人防守的基础上,加强防守基础配合与协防和补防的训练,以增强队员的挤过配合意识与能力。

(5)加强防守的针对性训练,有计划地安排对进攻队的重点攻击区与攻击点的防守训练。如采用缩小人盯人防守对方中锋篮下强攻和外围运球突破能力强时的防守配合训练。当对方篮下攻击能力不强,外围投篮准时,采用扩大人盯人防守的半场紧逼防守训练。在防守过程中都应加强防守的伸缩性与应变性训练。

141

(6)训练中,应强调对内线的防守以破坏其接球为重点。根据中锋进攻的特点合理地采用绕前防守或围守中锋的防守方法,其他队员及时轮转补防。

(7)对全场紧逼人盯人防守的技术训练重点在高强度的防守能力与专项身体素质的保障。其中个人防守能力中的快速移动防守能力与身体对抗能力是保证全场紧逼人盯人防守战术的基石。

2.人盯人防守战术训练方法

(1)半场人盯人防守战术的练习

①移动选位的防守练习。防守的选位与移动是掌握半场人盯人防守战术的基础,通过此环节的训练,使队员明确防守对手在运用中的基本要求,提高队员个人防守技术的运用能力,为学习全队人盯人防守战术打好基础。

②局部防守配合的练习。局部防守的配合练习是全队防守战术的一部分,可根据本队的具体防守战术方法在练习中提出相应的要求,掌握配合方法,提高配合质量,逐步与全队防守战术相衔接。

③全队五人完整战术配合练习。组织完整战术配合练习时,应根据本队战术的安排,按照半场扩大(缩小)人盯人防守的战术要求,侧重组织练习,逐步掌握半场人盯人防守战术方法。

(2)全场紧逼人盯人防守战术的练习

①局部防守配合的分解练习。局部防守配合的分解练习是通过在前场、中场、后场的不同区域实施的三个阶段的防守而进行的全队防守战术配合。因此,训练中也应遵循这一规律,分区分阶段进行训练,组织练习。

②全队整体防守战术的练习。全队整体防守的练习是学习与掌握全队战术方法的重要环节,在练习中,可根据队员的训练水平,提出练习要求,改变练习条件,逐步地过渡到正常条件下的攻守对抗练习,掌握全场紧逼人盯人防守战术方法。

二、进攻人盯人防守战术

(一)进攻人盯人防守战术的概述

进攻人盯人防守战术是现代篮球进攻战术体系的重要组成部分之一,它是针对人盯人防守的特点、防守范围的大小及防守队员防守能力的强弱,并结合本队实际情况而制定的一种有组织的全队配合方法。它包括以下内容。

(1)进攻半场人盯人防守战术。进攻半场人盯人防守战术是进攻队根据对方在前场不同的防守形式与防守特点,从本队的具体情况出发,最大限度地发挥队员的特点,通过一定的阵型,综合运用各种掩护、突分、传切和策应等基础配合所组成的全队进攻战术方法,是比赛中运用最多的一类进攻战术方法。

进攻半场人盯人防守战术是一种典型的阵地进攻。首先要求全队进入前场迅速地落位布阵,进攻的落位方法和阵型,强调以本队的身体条件和技术特点,以及对方的防守情况为依据进行合理的选择。进攻中常用的落位布阵方法有:一是单中锋落位,布阵形式有 2—3、2—1—2、2—2—1 等;二是双中锋落位,布阵形式有 1—3—1、1—2—2、1—4 等;三是马蹄形落位或用 2—3 落位,采用机动中锋的打法。

进攻半场人盯人防守时,不论采用何种形式的打法,其整体战术都是由传切、突分、策应、掩护等基础配合所组成。进攻的主要打法有:以中锋为核心的进攻;以外线为主的进攻;以集体进攻为主的打法;以移动进攻为主的打法。

随着当前半场人盯人防守战术运用愈趋频繁,个人防守能力增强,整体防守更加协调,增加了现代篮球运动的激烈对抗程度。同时,也促进了进攻人盯人防守战术的发展,使进攻更讲求连续性和实效性,使进攻人盯人防守战术更加灵活机动,特别是现代篮球比赛中进攻半场人盯人防守战术运用的多样性、复杂性及打法的流畅性,凸显了进攻人盯人防守战术在现代篮球运动发展及其重要地位。

(2)进攻全场紧逼人盯人防守战术。进攻全场紧逼人盯人防守,是指进攻队根据防守队在全场范围内进行紧逼人盯人时所采用的进攻方法和行动,是篮球进攻战术系统中的一种全队进攻战术方法。

由于进攻全场紧逼人盯人防守战术是在全场的区域里进行的,因此,与在半场进攻的全队战术相比,无论是从时间、空间或战术难度上,都有相当大的差异。进攻全场人盯人防守时,整个战术过程可分为前、后两个阶段:前阶段是后场进攻,后场进攻时接应发球和推进是关键环节;后阶段是进入前场后的攻击,进攻方法与进攻半场人盯人防守相似,重要的是及时根据防守队形和场上情况,相应布阵后连续地、不间断地使用进攻人盯人的具体战术配合。

(二)进攻人盯人防守的教学

第一,应首先学习掌握半场人盯人防守战术,然后再学习进攻半场人盯人防守战术。开始练习时,要让每名队员了解全队的战术落位阵形,进攻时机、移动路线,主要攻击面和攻击点及变化规律。

第二,应先在无防守和消极防守的情况下进行队员的战术分位练习,提高个人技术运用能力和基础配合的质量,然后进行全队战术配合练习,在此基础上加强防守,提高练习难度和对抗强度。

第三,在实战中检验队员对全队战术方法的理解和掌握程度,通过比赛的信息反馈,不断总结分析,以此提高战术水平。

第四,进攻全场紧逼人盯人防守的教学,应放在全场紧逼人盯人防守后进行。首先,要让学生了解进攻全场紧逼人盯人防守战术的特点和要求,了解全队战术配合方法,明确由守转攻时,队员的分工落位、进攻时机、移动路线、主要攻击面和攻击点及变化规律。

第五,教学中应采用分解教学法分段教学,先学习前场和中场的配合方法,再学习整体战术配合方法。练习时,重点加强后场和中场的掩护、传切、突分和策应配合的训练,同时加强由守转攻时的反击速度和意识的训练。

(三)进攻人盯人防守战术的训练

第一,结合本队的实际,加强配合技术的训练,重视不同形式下的传切、掩护、策应与突分等配合方法的练习,提高队员灵活运用两三人战术基础配合的能力。

第二,结合全队战术方法,加强局部配合的练习,把队员的技术特长与全队战术配合地结合起来进行训练。

第三,重视攻守转换意识与转换速度的训练,特别是进攻全场紧逼人盯人防守的训练应与顽强的作风紧密相结合。

第四,进攻人盯人防守战术的训练,应使队员明确全队战术配合的方法,以战术训练为中心,把身体、技术意识和作风融为一体,训练中严格战术纪律,加强战术运用变化能力的培养。

第五,根据本队情况,组织多种的战术方法训练,以提高全队战术运用的应变能力。

第四节 攻守区域联防战术

一、区域联防

区域联防是在半场范围内通过队员有策略地分区占位组织的专门阵型和配合方法而形成的一种防守战术方法,有其鲜明战术特征和比赛功能,它是篮球全队防守战术体系的重要组成部分。当前,区域联防已成为各级球队战术训练的重要内容,也是体育院校篮球专修课战术教学的重点教材之一。

(一)区域联防的概述

区域联防是把五名队员的防守责任和防区有机地联系起来,防守队员的防守范围较为固定,分工明确,防守力量集中,因此,它能很好地发挥集体防守的优势,弥补个人防守技术的薄弱点,有利于保护和协同防守篮下攻击威胁,限制对方的内线进攻,破坏对方的运球突破进攻,有利于组织抢防守篮板和迅速发动快攻反击。

区域联防是在半场内划分五个区域,每个队员各守一个区域,并守住处于本区的任何进攻队员而组织起来的防守战术。由于划分区域的方法不同,区域联防有"2—1—2""2—3""3—2""1—3—1""1—2—2"等形式。不同形式的区域联防都有其自身的优势和薄弱环节,有其不同的作用和功能,比赛中可根据对方特点和本队具体情况,有针对性地加以运用。

区域联防战术的防守重点是内线,最显著特点是守区、防球与保篮下。在防守中,根据球的位置、移动变化和进攻队员的穿插移动,不断地调整防守位置,在各自的防守区域内,监视和限制进攻队员的活动,加强对有球区域和篮下的防守,严密封锁球入内线,强守篮下,防止对方的投篮。

区域联防主要运用于外围中远距离投篮不准,但内线威胁较大的球队,或因对方频繁穿插移动和运球突破,本队个人技术较差或犯规较多时;也可以为了使对方不适应,作为战术调整的手段或为了更有效地加强和组织抢篮板球和发动快攻而采用。

随着现代篮球运动的发展,单一的、固定阵势的区域联防已不适应现代篮球比赛的需要,区域联防战术配合及打法向着协同性、攻击性方向发展,突出积极主动,制造陷阱,造成对方被迫失误,不但增加了轮转换位、围守中锋、夹击防守等配合,还出现了对位防守和把人盯人防守方法和原则融入于区域防守的综合性联防战术,即在联防中,根据进攻队的落位与球员的移动,有意识、有目的地进行阵型变化,即形成一对一的对位联防,它既增强了防守的针对性,又避免了出现薄弱区域内的被动局面,这也是当今区域联防的发展方向。

对位联防是采用对位盯人与守区相结合,并与进攻队员基本上形成一对一的一种联防战术。在防守时强调根据自己的特点和进攻队的阵势部署形成相对的阵形,防守队员既要守区又要守人,并始终保持"一人一区,一区一人(指进攻队员)"的原则。本区无进攻队员时,要去控制附近的一名进攻队员,对持球队员和空切队员,均按盯人原则进行防守。当进攻队的阵势改变时,防守队也可以改为相应的阵势。对位联防的发展使区域联防更具针对性、攻击性和综合性的特点,极大地丰富了区域联防的战术内容。

(二)区域联防战术的教学

区域联防的战术是根据分区防守的站位队形而形成的,不同的战术阵型,其防守的作用有所不同,各有其自身优势和薄弱环节。因此,应全面学习和掌握各种不同阵型的防守方法,有针对性地运用才能更好地发挥区域联防的作用。

区域联防教学应安排在人盯人防守及进攻人盯人防守之后,并与防守反击、快攻紧密结合。应以2—1—2区域联防为教学的重点内容,在此基础上学习其他的防守阵型。

教学中,首先让队员掌握区域联防的基本原理,明确各种防守阵型、战术特点及运用方法,然后进行分区、局部的分解练习,待局部配合熟练后,再过渡到完整练习。

(三)区域联防战术的训练

1. 区域联防战术训练要点

(1)在训练中,要根据区域联防的阵型、队员的身高和技术特长,合理地分配队员的防守区域。把快速灵活、善于抢断球、反击快的队员分配在外线防守区域,把身材高大、补防意识强、善于抢篮板球的队员分配在内线防守区域。一般情况下,保持小个子队员在外线防守,大个子队员在内线防守,如果换人出现以小防大的情况,尽量在外线,避免内线造成以小防大,否则就采用护送或轮转不换人的方法。

(2)在分工负责防守区域的基础上,强调五名队员必须协同一致,积极随球移动,集中加强对有球一侧的防守,兼顾远球侧,以防球为主,人球兼顾。根据情况，队员可以越区、越位防守。

（3）防守持球队员，按照人盯人防守的要求，积极地防守对手的投篮、传球和运球严防从底线运球突破。

（4）防守临近球的进攻队员时，要抢占有利的防守位置，减少对手在有威胁的区域内接球，同时，还要协助同伴进行关门、夹击、补位等防守配合；对离球远的进攻队员要防止其背插、底线空切，还要协助防守篮下有直接威胁的进攻队员。

（5）当进攻队员采用频繁穿插移动，改变进攻阵型时，防守队员不仅要堵截其移动路线，还要针对进攻阵型，改变防守阵型。

（6）在训练过程中，要求队员要精神振奋，互相呼应，制造声势。训练中始终做到两腿弯曲，扬手探臂，积极协防，力争扩大防守控制面积，并要求队员积极拼抢球，一旦获球，立即快速反击。

（7）整体训练强化以球为主，随着球的转移，每名队员都要随球及时调整防守位置，随球的转移形成五人板块联动，保持联防的整体状态，对持球进攻者形成纵深防守；对无球队员形成控制性防守。体现联防的联动和整体性。

2. 区域联防训练方法

区域联防的训练应根据所选择的防守阵型，首先进行分解训练，在队员基本掌握各局部区域的配合方法的基础上，再进行完整的全队战术配合练习，然后在对抗中不断地改进与增强队员之间的默契与配合，在比赛形式下提高全队防守战术的应变能力。

（1）区域联防的分解练习。区域联防的分解练习重点使队员掌握各个局部区域的防守方法，加强邻近区域队员之间的协调配合，为学习与掌握全队区域联防战术方法打好基础。

（2）全队整体战术配合的练习。通过全队整体战术配合的练习，使队员掌握各种阵势的联防战术方法，改进配合质量，并能在比赛中运用。

二、进攻区域联防

(一)进攻区域联防战术概述

进攻区域联防是针对区域联防的特点、阵形和变化规律所采用的一种阵地进攻方法,是在个人与两三人配合的进攻策略与方法的基础之上发展的更为高级与强悍的全队进攻战术手段,是篮球战术体系的重要组成部分。

进攻区域联防常用的落位阵型有 1—2—2 阵型、1—3—1 阵型、2—1—2 阵型和 2—3 阵型等,不同的进攻阵型是针对不同的防守阵型和本队的队员技术、位置特点而选择的。

进攻区域联防首先应贯彻快速进攻的指导思想,提高由守转攻的速度,力争趁对方未形成防守阵形时抓住战机发动快攻。快攻未成,进入阵地进攻时应针对区域联防的阵形,而采用相应的进攻阵型。要清楚地认识到任何形式的区域联防都有其防守的薄弱区域,要善于利用这些薄弱区域发动攻击。确定进攻阵型的原则是根据进攻的点、面和本队队员的技术特点,合理部署队员占据其区域联防的薄弱区域,避免与防守队员形成一对一的站位,在局部区域形成以多打少的优势,并始终保持攻守平衡。[①]

进攻区域联防战术方法的成功运用,首先是建立在熟悉并掌握各种区域联防的特点和规律的基础上,抓住区域联防的薄弱环节,明确攻击的原则和重点,有组织地进行针对性的进攻。往往是通过"球动""人动"来调动防守,打乱对方防守阵形,使防守顾此失彼,出现漏洞,创造以多打少和连续进攻的机会。因此,要多利用策应、溜底线、背插、掩护、突分等配合破坏防守的整体布局,创造良好的投篮机会。同时,加强内外结合,提高中远距离投篮命中率,扩大进攻区域、增加攻击点,迫使对方拉大防区,

---

① 陈善金.体育与健康[M].成都:电子科技大学出版社,2020:77.

趁机组织中区策应配合,破坏联防的整体性,创造良好的进攻机会。

(二)进攻区域联防的教学

进攻区域联防战术的教学内容应以 1—3—1 阵形落位进攻 2—1—2 区域联防为重点,在此基础上学习其他配合方法。

教学时,应通过多种途径讲清楚全队进攻区域联防的战术阵形和配合方法,使学生建立完整的战术概念。

(三)进攻区域联防的训练

1. 进攻区域联防训练要点

(1)首先要重视进攻区域联防的落位布阵,合理选择进攻阵型是进攻区域联防的基础。在训练中,应使队员明确落位的正确方法与合理性。掌握不同区域联防形式的薄弱环节。

(2)抓好由守转攻的反击意识与快攻的组织与配合能力的训练。

(3)有针对性地强化中远距离投篮,抓好背插、溜底、突分、策应等进攻配合的质量。

(4)在训练中,抓好传球转移,强调抢位接球,有目的的球的转移与有序的人的移动,做到"快、灵、准"的高度结合。

(5)要把抢篮板球纳入战术训练的安排中,重视拼抢篮板球与由攻转守的训练。

(6)要把分解练习与全队战术的完整训练有机地结合起来进行练习,有目的地组织对抗性的练习,不断改进进攻方法,提高各个环节的配合质量与个人攻击能力。

2. 进攻区域联防训练方法

进攻区域联防的方法很多,但有其共同的特点,在训练中应根据本队的技战术特点,掌握多种进攻方法,针对不同的联防阵势合理地运用。具体的练习包括:

(1)全队整体进攻战术:①2—2—1 阵型落位,进攻 3—2 区域联防;②1—3—1 阵型落位,进攻 2—1—2 区域联防。

(2)进攻 3—2 区域联防战术配合的分解练习。

(3)进攻 2—1—2 区域联防的战术配合分解练习。

（4）全队战术配合的攻守对抗练习。全队战术配合的攻守对抗练习是改进和提高全队配合的重要环节。练习中，发现问题应及时纠正，逐步提高对抗强度，逐步过渡到比赛实战。

在以上练习基础上可组织教学比赛，在实战中发现问题，及时解决，提高进攻区域联防战术的配合质量和运用能力。在攻守对抗过程中，明确战术配合要求，熟悉配合方法和行动路线。

参考文献

[1]姚思.基础性运动与篮球发展[M].郑州:黄河水利出版社,2022.

[2]竺大力.新时代我国篮球运动后备人才体系的重构与发展[M].北京:中国书籍出版社,2022.

[3]孙锡杰.多维视角下的高校篮球教学体系研究[M].广州:广东人民出版社,2022.

[4]商允祥.校园篮球文化建设与教学创新探索[M].北京:研究出版社,2022.

[5]戴志东.篮球后备人才选拔与培训体系建设[M].北京:北京体育大学出版社,2022.

[6]贺成华,陈清,夏重华.高校篮球运动教学与训练[M].北京:九州出版社,2018.

[7]鲁茜.篮球教学与训练[M].上海:华东大学出版社,2018.

[8]余丁友.现代篮球运动教学与训练研究[M].北京:冶金工业出版社,2019.

[9]杨明刚.现代篮球教学与训练精要[M].长春:吉林大学出版社,2019.

[10]黄震.高校篮球教学与训练实践研究[M].长春:吉林人民出版社,2019.

[11]唐新发.现代篮球技术教学与训练指南[M].郑州:郑州大学出版社,2019.

[12]刘浩,张戈.篮球[M].重庆:重庆大学出版社,2018.

[13]谭晓伟,岳抑波.高校篮球教学开展的理论与实践研究[M].长春:吉林人民出版社,2018.

[14]蒋志华.高效篮球课程研究与技术教学方法[M].成都:电子科技大学出版社,2016.

[15]祝国庆,单宝德.篮球教学理论与实践探究[M].北京:九州出版社,2016.

[16]曹东平,郑勇,王田祖.篮球运动理论及现代发展探索研究[M].北京:中国商务出版社,2016.

[17]陈新.篮球文化与篮球市场[M].北京:北京体育大学出版社,2016.

[18]林德平.现代篮球教学与训练研究[M].北京:九州出版社,2016.

[19]曹明,陈雷.篮球训练与规则[M].成都:电子科技大学出版社,2016.

[20]张慧.大众体育系列 篮球[M].合肥:合肥工业大学出版社,2016.

[21]单卫国.篮球运动文化解析与人才培养研究[M].北京:中国书籍出版社,2016.

[22]李薛,谢志强,王贺.现代篮球学练指导实用教程[M].北京:中国原子能出版社,2016.

[23]胡英清,余一兵,吴涛.现代篮球运动科学训练探索[M].北京:中国书籍出版社,2016.

[24]谭朕斌.青少年篮球运动理论与实践研究[M].北京:北京体育大学出版社,2016.

[25]林德平.篮球教学中的快乐体育教学研究[M].北京:九州出版社,2016.

[26]王勇.现代高校篮球理论教学与实践[M].西安:西北工业大学出版社,2016.

[27]张明.篮球基础训练新探索[M].青岛:青岛出版社,2016.

[28]向富兴.现代篮球实用战术解析[M].北京:现代教育出版社,2016.

[29]张小刚,周秉政.篮球运动教学训练的理论与实践[M].天津:天津社会科学院出版社,2021.

[30]石颖.青少年篮球教学训练体系研究[M].长春:吉林大学出版社,2021.

[31]李建龙.篮球运动科学健身与开展方法[M].长春:吉林大学出版社,2021.